AF464797

LE

CITOYEN FRANÇAIS

DE L'IMPRIMERIE DE CRAPELET
RUE DE VAUGIRARD, 9

LE CITOYEN FRANÇAIS

SES DROITS, SES DEVOIRS

PAR

ALPHONSE GRÜN

RÉDACTEUR EN CHEF DU MONITEUR UNIVERSEL

Nation. — La Loi. — Les Élections.
Gouvernement. — Droits de tous les Français.
— Liberté et Sûreté individuelles.
— Liberté des Croyances et des Cultes. — Liberté des Opinions, de la Presse.
— Liberté d'Association.
— Droit au travail. — Égalité. — Propriété. — Droits civils et de famille.
— Charges personnelles imposées aux Citoyens
dans l'intérêt public.
— Impôts. — Finances de l'État. — Tribunaux. — Juges administratifs.
— Administration publique ; Ministères.
— Administration des Communes et des Départements.
— Instruction publique.
— Administrations et Institutions financières.
— Agriculture.
Industrie, Commerce. — Travaux publics. — Colonies.
— Conclusion. — Appendice.

PARIS

CHEZ LANGLOIS ET LECLERCQ, LIBRAIRES

RUE DE LA HARPE, 81

1849

Il n'y a pas un citoyen qui ne doive connaître ses droits, ses devoirs, les lois auxquelles il est obligé d'obéir, les institutions de sa patrie. Cet enseignement essentiel, qui devrait exister partout, n'est organisé nulle part ; les écoles de droit ont eu seules jusqu'à présent le privilége d'apprendre à quelques-uns ce que personne ne devrait ignorer. L'ancien Gouvernement a constamment résisté à l'introduction de l'enseignement civique dans les établissements de l'État. Un des premiers actes du ministre provisoire de l'instruction publique du Gouvernement républicain, M. Carnot, a été de proclamer des idées tout opposées : la connaissance des droits et des devoirs prendra la place qui lui appartient dans tous les degrés de l'éducation nationale.

Pour que cette grande pensée puisse être réalisée, il faut attendre, d'une part, l'organisation, déjà préparée, du système général de l'instruction publique ; de l'autre, le vote de la constitution et celui des réformes que l'Assemblée nationale apportera aux institutions fondées par la monarchie. Alors seulement un livre élémentaire pourra être proposé à l'étude des écoles. Aujourd'hui les circonstances exigent un premier travail, forcément incomplet, mais urgent, mais indispensable. Tous les citoyens vont être appelés à voter dans les élections de la garde nationale et des députés qui formeront l'Assemblée constituante; tous ont droit de prétendre à l'honneur de commander ou de représenter leurs concitoyens; tous ont donc besoin d'avoir une connaissance sommaire, mais exacte, de leurs droits, de leurs devoirs, des lois principales du pays, afin de bien comprendre l'immense mission confiée à leur patriotisme. C'est cette tâche d'initiation que j'entreprends. Qu'on me pardonne, en faveur des intentions et du dévouement, les imperfections d'une œuvre improvisée.

Paris, mars 1848.

LE

CITOYEN FRANÇAIS.

SES DROITS, SES DEVOIRS.

CHAPITRE PREMIER.

LA NATION.

La Nation, c'est la réunion de tous les habitants du pays.

La Nation est souveraine ; c'est-à-dire qu'elle a le droit de se donner les lois qui lui conviennent, de se gouverner comme elle l'entend. Les autres peuples n'ont aucun droit d'intervenir dans ses affaires intérieures.

Les droits des nations sont réciproques ; elles ne peuvent mutuellement s'imposer ni se défendre un gouvernement plutôt qu'un autre. A chacun son indépendance.

De l'indépendance résulte le respect des nationalités.

De l'intérêt bien entendu, des sentiments de fraternité générale résulte le besoin de la paix.

La guerre entre les nations est toujours un fléau ; elle peut devenir une nécessité quand il s'agit de repousser une agression ou de prévenir l'effet d'une menace.

Une nation est libre de se donner ou de s'unir à une autre; si l'union n'est pas volontaire, si elle s'impose par la force des armes, il y a iniquité. La conquête n'est qu'un vol en grand.

Afin d'entretenir entre elles de bonnes et amicales relations, afin de connaître la situation des affaires au-dehors, chaque nation a chez les autres des agents qui la représentent sous divers titres, réglés, en France, conformément à la dignité nationale et à la simplicité républicaine, par une décision du ministre des affaires étrangères, **M. Lamartine**, en date du 15 mars 1848.

Fidèle aux principes du respect des nationalités, le gouvernement provisoire de la République s'est empressé de déclarer que la France voulait le maintien de la paix européenne. Elle a donné un noble exemple; elle a rejeté sur les puissances qui oseraient la prendre, la responsabilité des interventions ou des attaques.

Le document qui contient la déclaration des vues du gouvernement est une circulaire de M. Lamartine aux agents diplomatiques; cet éloquent manifeste résume toute la politique nationale à l'égard de l'étranger; il doit être médité dans son ensemble; nous ne le donnerons pas ici à cause de l'étendue de ses développements; mais on le trouvera à la fin de ce volume.

CHAPITRE II.

LA LOI.

La Loi est l'expression de la volonté de la Nation.

La manière dont la nation exprime sa volonté est réglée par elle dans une Constitution.

La Constitution doit être votée par l'ensemble des citoyens, représentés par des députés qu'ils choisissent dans toute la France.

L'ancienne monarchie française n'avait point de constitution écrite. La révolution de 1789 a fait cesser la confusion des vieux usages. Une constitution monarchique a été votée en 1791. La monarchie ayant été renversée en 1792, une constitution républicaine fut rédigée et acceptée en 1793, mais ne reçut pas son exécution. En 1795, une nouvelle constitution républicaine s'établit : elle dura jusqu'en 1800, et fut remplacée par une autre, qui, quatre ans plus tard, disparut devant l'établissement de l'Empire. En 1814, Louis XVIII refusa la constitution qu'on lui proposa au moment de son retour, et il imposa la Charte que l'on ne fut pas admis à discuter. Après la révolution de 1830, les Chambres alors existantes se crurent le droit de reviser la Charte et de la proclamer constitution de la France, en appelant au trône Louis-Philippe. Le gouvernement provisoire sorti des événements de Février, respectant les droits de la nation, appela tous les citoyens à nommer une assemblée chargée de donner à la République sa constitution.

C'est cette assemblée qui déterminera la manière dont les lois seront proposées, discutées, votées, sanctionnées.

En attendant ses décisions et celles des assemblées législatives qui la suivront, les lois existantes, compatibles avec la forme républicaine, et non abrogées par le gouvernement provisoire, dépositaire momentané de la force nationale, doivent être exécutées. L'obéissance aux lois est la première condition de l'ordre et de la liberté, le premier devoir du citoyen. Quand la nation a parlé par la voix de la loi, chacun doit se soumettre, sauf à user de tous les moyens constitutionnels pour arriver à faire réformer la loi si elle est mauvaise.

CHAPITRE III.

LES ÉLECTIONS.

Depuis la Révolution de 1789, de nombreuses lois ont été rendues sur les élections des membres des assemblées nationales; ces lois ont réglé, fort diversement, le droit électoral des citoyens et la manière de procéder aux élections. Il est inutile d'entrer dans le détail des divers systèmes; la prochaine assemblée nationale leur en substituera un autre adapté aux besoins du gouvernement républicain. Ce qu'il importe de connaître aujourd'hui, ce sont les dispositions arrêtées par le gouvernement provisoire le 5 mars, pour les élections de l'assemblée nationale constituante.

Quant au droit de voter, le gouvernement provisoire reconnaît qu'il appartient à tous les Français, et proclame le principe du suffrage universel.

Trois conditions seulement sont apposées à l'exercice du droit électoral; il faut avoir vingt et un ans, être résident depuis six mois dans la commune où l'on votera, et n'être pas privé ou suspendu, par une condamnation judiciaire, de ses droits de citoyen. Ces conditions se justifient d'elles-mêmes; on ne doit pas pouvoir voter pour l'élection des députés avant l'âge où les lois permettent qu'on dispose de ses biens et qu'on administre ses propres affaires; quant à la résidence de six mois, elle garantit qu'on connaît dans la localité la personne qui vient voter, et que cette personne à son tour connaîtra les candidats à nommer dans le département; enfin il est bien évident qu'on a dû repousser du droit électoral les individus que les tribunaux en ont déclarés indignes.

L'élection sera directe, c'est-à-dire que les électeurs ne nommeront pas des électeurs chargés de nommer les députés, mais qu'ils choisiront eux-mêmes les députés sans intermédiaire.

Afin que chaque électeur vote dans une entière indépendance, les suffrages seront écrits, et écrits secrètement.

On ira déposer son vote au chef-lieu du canton. Chaque électeur devra inscrire sur son bulletin, non pas un nom de député pour représenter le canton, mais autant de noms qu'il y aura de représentants à élire dans le département. Le nombre de représentants a pour base la population, et il sera de 1 pour 40,000 habitants, ce qui donne pour l'assemblée nationale constituante un total de 900 membres, y compris l'Algérie et les colonies.

Les votes de chaque canton y seront constatés; ils seront ensuite portés au chef-lieu du département, où on les additionnera et où on proclamera le résultat.

Pour être nommé représentant, il faudra avoir obtenu, dans tout le département, au moins deux mille suffrages.

Les électeurs peuvent choisir leurs représentants indistinctement dans toute la France; le droit d'être élu n'est restreint que par deux conditions : il faut être Français et non privé ou suspendu de ses droits de citoyen. La condition d'une résidence de six mois dans la commune n'existe pas comme pour l'électeur.

Aucune fortune n'étant exigée pour remplir la mission de représentant du peuple, chaque membre de l'assemblée recevra, pendant qu'elle siégera, une indemnité de vingt-cinq francs par jour.

Telles sont les dispositions générales du décret relatif aux prochaines élections. Le gouvernement provisoire l'a complété par une instruction du 8 mars, qui règle, de la manière suivante, les détails d'exécution des opérations électorales.

Dans chaque commune, les maires et les conseillers municipaux doivent dresser la liste des électeurs appartenant à la commune; pour cela, ils doivent consulter tous les tableaux, listes, recensement, registres qui peuvent leur faire connaître les électeurs.

L'âge de vingt et un an sera justifié par l'acte de naissance s'il s'élève des doutes à cet égard; la production de cet acte ne sera pas nécessaire pour les hommes évidemment au-dessus de cet âge. Les jeunes citoyens qui ne sont pas nés dans la commune où ils devront voter, ne seront pas astreints à se procurer leur acte de naissance, parce que cela entraînerait des lenteurs et des frais; ils n'auront qu'à produire des papiers quelconques pouvant indiquer l'époque de la naissance.

Pour pouvoir élire ou être élu, il faut évidemment être né Français, ou naturalisé : un étranger n'a aucun droit de voter en France pour les actes politiques. La qualité de Français sera prouvée si on a déjà voté à d'autres élections, ou si on produit des actes officiels qui démontrent qu'on est bien réellement né ou devenu Français. Si on a été naturalisé en pays étranger, on a perdu tout droit de se présenter aux élections en France.

De ce que la condition d'une résidence de six mois dans la commune a été exigée, il s'ensuit qu'on ne peut voter en deux assemblées électorales différentes. — Si, depuis moins de six mois, on a changé de résidence, on est admis à se faire inscrire dans la commune où on résidait précédemment.

Cependant, le changement récent de résidence ne devant pas devenir une entrave à l'exercice du droit électoral, si, à raison de l'éloignement, un citoyen ne pouvait, sans dommage ou sans inconvénient pour sa santé, ses affaires, ses moyens d'existence, se rendre dans un autre endroit qu'il a quitté depuis peu de temps, il pourra, sur sa demande, être inscrit sur la liste des électeurs de la commune où il vient de s'établir : les citoyens qui habitent, durant l'année, dans plusieurs communes, pourront, sur leur demande, se faire inscrire, comme électeurs, dans une de ces communes, à leur choix, pourvu qu'ils en aient fait la déclaration, tant à la mairie de la commune où ils habitent actuellement, que dans celle où ils demandent à voter.

Les militaires des armées de terre et de mer jouissent, comme tous les autres citoyens, des droits électoraux : mais ils n'ont pas toujours six mois de résidence dans leurs garnisons, et ils ne connaissent pas assez les personnes et les intérêts des départements où ils se trouvent momentanément pour voter dans le lieu où ils résident actuellement; on a pourvu à cette situation tout à fait particulière, en faisant voter les militaires, avec la participation de leurs chefs immédiats, pour la nomination des représentants de leurs départements respectifs, auxquels leurs suffrages seront envoyés. Les militaires en congé seront inscrits au lieu de leur domicile.

La liste de tous les électeurs, civils et militaires, sera dressée par ordre alphabétique; il y en aura une par canton, dans les villes comprenant plusieurs cantons. Les listes doivent indiquer les électeurs de manière à ce qu'il n'y ait pas de confusion dans les noms, ni d'erreurs sur l'identité des personnes.

Une fois close, la liste restera déposée pendant cinq jours

à la mairie, où chaque citoyen pourra en prendre communication sans la déplacer; les réclamations, pour omission ou erreur de noms, seront jugées par le maire assisté du conseil municipal. La liste, définitivement arrêtée, sera envoyée au maire du chef-lieu du canton, et lui servira pour faire l'appel des électeurs : le conseil municipal statuera sur les réclamations qui lui seraient adressées sur la teneur des listes qu'on lui aura envoyées.

Trois jours avant la réunion, les électeurs de chaque commune seront avertis par les maires de se rendre à l'assemblée électorale de leur canton, pour prendre part à l'élection des représentants du peuple. Il sera remis à chaque électeur une carte ou un billet, portant son nom, et signé du maire.

Le scrutin s'ouvrira au chef-lieu de chaque canton, à sept heures du matin ; on appellera d'abord les électeurs de la commune chef-lieu, et successivement ceux des autres communes, en commençant par les communes les plus éloignées, afin que les citoyens puissent retourner le plus tôt possible à leurs habitations.

L'assemblée sera présidée par le juge de paix du canton, ou, à son défaut, par ses suppléants; les six premiers membres du conseil municipal, en suivant l'ordre du tableau, rempliront les fonctions de scrutateurs. Le président et les scrutateurs choisiront le secrétaire du bureau. Dans les villes où il y a cinq ou six cantons, le nombre des scrutateurs sera complété, s'il y a lieu, par des citoyens que le conseil municipal désignera. C'est le président qui fera la police de l'assemblée; seul il pourra demander qu'une force armée soit placée dans la salle ou aux abords.

Le vote étant secret, chaque bulletin contenant les noms des représentants devra être apporté fermé; mais pour éviter la confusion résultant du grand nombre des électeurs, chaque électeur pourra écrire ou faire écrire son bulletin en dehors de l'assemblée.

Chaque électeur n'ayant le droit de voter qu'une fois, le président, avant de déposer son bulletin dans l'urne, s'assurera qu'il n'en renferme pas d'autre.

Les électeurs, accompagnés du maire de leur commune, entreront successivement dans la salle par ordre de communes; ils déposeront leur vote dès que leurs noms seront appelés. Un scrutateur inscrira son nom ou son paraphe sur la liste, en regard du nom de l'électeur qui aura voté. Les maires des différentes communes prendront place tour à tour au bureau; s'il y a des réclamations pour des électeurs de leur commune, ils seront consultés.

Les citoyens ne devant pas être retenus trop longtemps par les opérations électorales, le scrutin ne pourra être prolongé au delà de six heures du soir; si, le premier jour, le vote n'est pas terminé à cette heure-là, on fermera la boîte contenant les bulletins, et on la déposera sous clef à la mairie; le scrutin sera continué le lendemain. Quand on aura appelé tous les électeurs, on fera le réappel des électeurs qui n'auront pas voté. Une heure après ce réappel, on présume qu'il ne viendra plus personne : alors on fermera le scrutin, et le bureau en fera le dépouillement; il comptera les bulletins trouvés dans la boîte et en comparera le nombre avec celui des votants inscrits. Après cette constatation, la masse des bulletins déposés sera distribuée en groupes qui seront dépouillés sur des tables séparées; le bureau désignera, parmi les électeurs présents, au moins quatre scrutateurs supplémentaires par chaque table.

Si un bulletin contient plus de noms qu'il n'y a de représentants à élire, il ne sera pas tenu compte des noms excédant ce nombre. S'il s'élève des difficultés concernant les opérations de l'assemblée électorale, le bureau les décidera provisoirement.

Quand on aura proclamé le résultat du scrutin, les bulletins seront brûlés, à l'exception de ceux qui auront été contestés, et qui devront être gardés pour que l'Assemblée nationale puisse les examiner.

Les opérations électorales seront constatées par des procès-verbaux. Le procès-verbal de chaque assemblée de canton sera porté au chef-lieu de canton ; le compte des votes de tous les cantons sera fait à l'hôtel de ville du chef-lieu du département, en séance publique et sous les yeux des délégués du bureau de chaque canton ; il y sera procédé, sous la présidence du président de l'assemblée du chef-lieu, ou, s'il y en a plusieurs dans cette ville, par le doyen d'âge des présidents.

Quand le compte des votes sera terminé, le président du bureau départemental proclamera représentants du peuple les candidats, pour le nombre attribué au département, qui auront eu le plus de voix, pourvu qu'ils en aient réuni chacun au moins 2000. Si le nombre des représentants élus dans ces conditions n'est pas atteint, il sera procédé, huit jours après, et dans les mêmes formes, à des élections supplémentaires.

A Paris, les arrondissements seront divisés en sections proportionnelles au nombre des électeurs, et présidées par les maires, adjoints ou délégués de la mairie. Les six scrutateurs, dans chaque section, seront pris parmi les plus âgés et les plus jeunes des électeurs présents. Le dépouillement des votes se fera dans chaque section, et le recensement général au bureau central de l'hôtel de ville.

L'assemblée nationale prononcera sur la vérification des

pouvoirs de chacun de ses membres, ainsi que sur les options, les démissions et les autres points qui touchent à sa constitution définitive.

Voilà dans quelles formes les élections s'accompliront. Ces formes n'ont pour but que d'assurer et de régulariser l'exercice du droit de suffrage. Ce qui importe avant tout, c'est que l'élection soit l'expression véritable de l'opinion de tous; pour cela, il faut que tous se rendent exactement aux assemblées électorales, que tous y déposent un vote consciencieux et réfléchi.

Chacun suivra, dans cette circonstance solennelle, la voix de ses convictions. Il n'est permis à personne de tracer à personne la ligne de son suffrage; mais il est permis de donner des conseils, d'indiquer aux électeurs une direction générale et patriotique; libres dans leurs déterminations, qu'ils écoutent ces paroles fraternelles :

L'assemblée nationale va décider de l'avenir de la patrie.

Électeurs! c'est de vous que dépend la bonne ou mauvaise composition de cette assemblée, le salut ou la perte.

Choisissez partout des hommes fortement dévoués ou sincèrement ralliés à la république. Point d'arrière-pensée, point de retours vers le passé; des représentants qui ne seraient pas franchement républicains prépareraient à la France des divisions, des déchirements, la guerre civile, la ruine, la guerre étrangère.

Repoussez de toutes vos forces, repoussez les hommes qui cacheraient sous un masque républicain, comme ils ont caché sous un masque monarchique, l'amour des places, de l'argent ou des honneurs.

Avant tout, préférez, parmi les républicains, les gens honnêtes. La probité est la sauvegarde de la liberté.

Ne repoussez pas les hommes qui ont l'expérience des affaires publiques; mais appelez, en grand nombre, des candidats nouveaux, jeunes, convaincus, sans liens envers le passé, et tout dévoués à l'avenir.

Point d'exclusion; prenez vos représentants dans tous les rangs où vous trouverez du bon sens, de l'intelligence, de l'honnêteté; à côté du propriétaire faites siéger l'ouvrier, avec l'avocat ou le médecin le paysan ou le militaire.

Faites, en un mot, que l'assemblée qui sortira de vos suffrages soit le résumé de toutes les vertus, de toutes les lumières de la France!

CHAPITRE IV.

LE GOUVERNEMENT.

Dans tous les pays, il faut une autorité qui préside à la direction et à l'administration des affaires publiques. Cette autorité c'est le gouvernement.

Selon les temps et les nations, les formes de gouvernement varient; elles ont suivi, en France, depuis près d'un siècle, des changements qui ont indiqué des progrès constants dans la carrière des idées démocratiques.

Sous l'ancien régime, le gouvernement français était une monarchie où un roi régnait suivant son bon plaisir; son pouvoir était limité par quelques usages, quelques habitudes de résistance, mais surtout par l'esprit de liberté qui se répandait dans toutes les classes de la société. En 1789, la vieille monarchie s'écroula avec les institutions usées qui lui servaient de cortége; une nouvelle royauté s'organisa, sous une constitution votée par l'assemblée constituante. Ce gouvernement fut de courte durée; renversé par l'insurrection du 10 août 1792, il fut remplacé par la République, proclamée le 22 septembre de la même année. Le gouvernement républicain fut d'abord exercé par la convention nationale; confié ensuite à cinq directeurs, il passa à trois consuls; bientôt il n'y eut plus qu'un seul consul : c'était une transition qui conduisit au rétablissement, en 1804, du gouvernement monarchique, relevé par Napoléon sous le titre d'Empire, et successivement investi d'un pouvoir absolu. A cette royauté militaire succéda, en 1814, le gouvernement représentatif fondé par la charte : il consistait en un roi et deux chambres, l'une héréditaire, l'autre élective. Le roi Charles X ayant violé cette charte, la révolution de 1830 le renversa, mais conserva le trône et les institutions, qu'elle modifia dans un sens plus libéral. Enfin, les fautes de la politique de Louis-Philippe amenèrent la chute de sa dynastie : le peuple de Paris ayant pris les armes et vaincu la monarchie, le 24 février 1848, un gouvernement provisoire fut investi du pouvoir par acclamations et par la force des circonstances. Onze citoyens prirent courageusement cette grande mission, et s'installèrent le jour même à l'Hôtel de Ville. Voici leurs noms, qui doivent être conservés dans la mémoire publique : Dupont (de l'Eure), Arago, Lamartine, Garnier-Pagès, Ledru-Rollin, Armand Marrast, Flocon, Marie, Louis Blanc, Albert, Crémieux. La République fut proclamée à Paris, puis dans tous les départements et dans l'Algérie.

Avec la royauté sont tombés les accessoires onéreux qui l'accompagnent, la liste civile, c'est-à-dire l'argent et les biens affectés au roi et aux princes.

Le gouvernement républicain, définitivement accepté par toute la France, recevra sa constitution de l'assemblée nationale que le gouvernement provisoire s'est hâté de convoquer.

Le retour de la république s'est opéré sans violence contre les citoyens, sans aucun des symptômes de guerre extérieure et d'anarchie sanglante qui ont marqué sa première apparition parmi nous. La république s'enorgueillit de sa devise qu'elle vient de reprendre, et qui répond, mieux que jamais, à l'esprit de la nation. *Liberté, Égalité, Fraternité*, ces mots renferment l'essence de tout le gouvernement républicain, concentrent tout le code des droits et des devoirs du citoyen.

Liberté, c'est le droit de jouir de la vie, d'exercer toutes nos facultés, sans nuire à personne et sans troubler l'ordre, de penser et d'écrire, de se déplacer, de parler, de se réunir et de se concerter pour des affaires publiques ou particulières, de choisir des représentants pour la gestion des intérêts généraux, en un mot, de faire tout ce que les lois ne défendent pas, et ce qui ne préjudicie pas aux droits des autres.

Égalité, c'est la fusion de toutes les classes de la société dans une seule masse de citoyens, tous soumis aux mêmes lois, tous obligés de les respecter et de les défendre, tous ayant le même droit à la protection publique, à l'éducation, au bien-être, tous appelés à concourir, dans la limite de leur capacité, à l'exercice des emplois publics avec la garantie du principe d'élection.

Fraternité, sentiment d'amour qui unit les citoyens d'une même patrie, qui embrasse même les autres peuples. La Fraternité est fille de l'égalité et de l'honnêteté : car, d'une part, on n'aime pas ceux qui ont des priviléges injustes ou qui usurpent un pouvoir ; d'une autre part, on ne chérit que ceux qu'on estime, et on n'estime que les honnêtes gens. Pour assurer le règne de la fraternité, combattons le vice, excitons la vertu, par l'exemple comme par la parole. Soyons unis dans un dévouement commun à la patrie : le dévouement au bien public, c'est le premier devoir du citoyen : celui-là n'est pas un honnête homme, un vrai et sincère républicain, qui s'enferme dans l'égoïsme, qui ne s'occupe que de son intérêt personnel, et refuse à la France les sacrifices de toute nature qu'elle a droit d'exiger de chacun de ses enfants. Le dévouement, on ne saurait trop le répéter, est la loi et le gage de la fraternité. La république apporte des droits à tous les citoyens, mais elle leur impose à tous de graves obligations. C'est par le sacrifice, par l'énergie, par l'activité que se réalisent et se maintiennent les trois grands bienfaits du gouvernement républicain, la liberté, l'égalité, la fraternité.

CHAPITRE V.

DROITS DE TOUS LES FRANÇAIS.

Le gouvernement, quel qu'il soit, a pour mission de protéger les droits de tous les citoyens, d'assurer le bonheur, la dignité de la nation, l'ordre à l'intérieur, l'indépendance au dehors.

Les droits essentiels que tout gouvernement doit garantir à chacun des membres de la nation, quels que soient son sexe, son âge, sa position, sont :

La liberté individuelle et la sûreté des personnes ;

La liberté de croyances ;

La liberté d'opinions ;

La liberté d'association ;

Le droit au travail ;

L'égalité ;

La propriété.

Un mot sur chacun de ces droits.

CHAPITRE VI.

LIBERTÉ ET SURETÉ INDIVIDUELLES.

La liberté individuelle consiste à pouvoir agir comme on veut, à demeurer, se transporter où on l'entend, pourvu qu'on ne nuise à personne et qu'on n'empêche pas les autres de jouir du même droit.

De ce que chaque citoyen a droit à cette liberté, il s'ensuit qu'il ne peut être arrêté, ni retenu en prison arbitrairement par une autorité quelconque. Ce n'est pas à dire qu'aucun citoyen ne puisse perdre momentanément sa liberté; s'il a abusé de son droit, s'il a mal agi, de manière à troubler l'ordre; s'il a porté atteinte à la sûreté, à la liberté de ses concitoyens, il est juste qu'on se préserve de ses écarts et qu'il porte la peine de ses torts; mais il ne peut être arrêté et puni que conformément aux lois, qui doivent donner des garanties aux citoyens contre les poursuites non justifiées et contre les condamnations non fondées.

Ce sont les lois pénales qui répriment et punissent les crimes et délits; elles privent les coupables de leur liberté pendant un temps plus ou moins long : elles leur enlèvent, pour toujours ou pour une durée limitée, leurs droits de citoyens, de Français ou de membres de la famille; elles vont même, dans les cas les plus graves, jusqu'à prononcer la perte de la vie. Dans les temps d'agitation, ou sous la domination des gouvernements ombrageux, despotiques, les partis exercent leurs vengeances sur les échafauds. Ce sera la gloire éternelle de la république de 1848 d'avoir rejeté les traditions sanglantes des temps qui l'ont précédée, d'avoir dédaigné, pour son avenir, l'appui des supplices. Honneur au gouvernement provisoire, qui, à peine installé, s'est empressé de proclamer l'abolition de la peine de mort en matière politique! sublime exemple qu'aucun roi n'a donné, qu'aucune révolution naissante n'avait encore offert à l'admiration et à la reconnaissance des peuples!

Un citoyen ne peut être privé de sa liberté que dans un intérêt public. Cependant des lois permettaient à des particuliers d'en faire emprisonner d'autres pour les obliger à remplir des engagements d'intérêt privé : c'est ce que, depuis des siècles, on appelait la contrainte par corps, usitée surtout dans les affaires commerciales. Cette institution antilibérale vient d'être suspendue par un décret du gouvernement provisoire, du 9 mars, en attendant que l'assemblée nationale ait prononcé sur son abolition.

CHAPITRE VII.

LIBERTÉ DES CROYANCES ET DES CULTES.

Chacun est libre d'adorer Dieu à sa manière. La conscience d'un citoyen reste un sanctuaire inviolable. On ne peut pas plus forcer une personne à croire à telle religion, que l'empêcher de suivre celle dans laquelle elle a été élevée, ou à laquelle elle s'est attachée par une conviction réfléchie.

Le gouvernement n'ayant aucun droit de demander compte des croyances, la profession d'une religion ou le refus d'en subir une ne doit jamais devenir un motif d'exclusion, ni, à plus forte raison, de persécution. Le règne de Louis XIV est entaché de cruautés exercées contre les protestants; la république de 1793 a manqué aux principes de la liberté en proscrivant la religion chrétienne.

Ce n'est pas assez d'être libre dans sa croyance intime; il faut qu'on puisse, sans contrainte, suivre les cérémonies et les règles de son culte. L'État doit protéger tous les cultes, en garantir le libre et complet exercice. Avant la révolution de 1789, le gouvernement ne reconnaissait qu'un seul culte, celui de la religion catholique; les autres n'étaient que tolérés. La même violation du principe de liberté et d'égalité se trouvait dans la charte de 1814, qui, tout en accordant protection aux différents cultes, déclarait cependant la religion catholique religion de l'État. Cette déclaration a disparu de la charte de 1830 ; rien de semblable ne saurait se reproduire sous le régime républicain.

Non-seulement la république de 1848 laisse à tous les citoyens l'entière liberté de leurs croyances et de leur culte, mais elle a donné, au milieu même des luttes ardentes qu ont précédé son avénement, l'exemple du plus profond respect pour la religion, pour ses temples, pour ses ministres; la religion, à son tour, s'est associée au triomphe de la république, lui a consacré ses prières, a rendu les honneurs funèbres à ses martyrs. Les barrières de méfiance qui existaient entre le prêtre et le citoyen sont renversées par la fraternité républicaine; le prêtre rentre dans la jouissance de la vie civique et de la liberté; un grand nombre de membres du clergé se présentent aux suffrages électoraux.

Ces rapports nouveaux du clergé avec le gouvernement sont tracés avec autant de précision que d'énergie dans une circulaire adressée, le 11 mars 1848, aux archevêques et évêques, par le ministre provisoire de l'instruction publique et des cultes, Carnot. Après avoir rappelé aux prélats la formule de prière prescrite par la loi pour la république, le ministre ajoute : « L'accomplissement de ce devoir légal est en harmonie avec les sentiments hautement exprimés par le clergé français. Il n'a pas pu voir, sans être profondément ému, les conséquences d'un si grand événement, la république proclamer, après les avoir reconquis, les principes de liberté, d'égalité, de fraternité, trop longtemps méconnus par les gouvernements.

« Les principes qui forment la base de la morale que la religion enseigne au monde, ont triomphé dans la victoire du peuple; ils entrent désormais dans le domaine des institutions de la France, et vont donner aux rapports des citoyens un caractère nouveau. Ils amèneront le règne de la justice, et, par une plus équitable répartition des droits et des avantages sociaux, ils feront succéder à la lutte des intérêts un esprit de mutuelle bienveillance.

« Le clergé, dans ses unanimes adhésions, a considéré ainsi l'avénement de la république. Son assentiment, j'en ai la confiance, n'est pas seulement cette vague soumission à toute forme de gouvernement établi, que l'Église a pu vouloir pratiquer, en présence de changements qui ne faisaient que déplacer des couronnes et substituer des dynasties à des dynasties. Le clergé apporte à l'ordre nouveau une sympathie plus réelle. En s'empressant de proclamer dans ses prières la république que le peuple vient de fonder par l'énergie de sa volonté souveraine, le clergé a senti que l'inauguration du principe républicain ouvrait une ère nouvelle aux sentiments nobles et élevés que Dieu a mis au cœur de l'homme, et que la religion a mission de développer.

« Dans cette reconstitution des droits et des intérêts de tous, le clergé, aux différents degrés de la hiérarchie, a dû comprendre que les droits et les intérêts de la religion, comme ceux de ses ministres, seraient protégés par les institutions comme ils l'ont été par le respect du peuple dans les glorieuses journées. Ce ne sera pas cet appui vaci lant et incertain que les princes ont souvent prêté à l religion, dans l'espoir de l'associer aux mauvais desseins de leur politique : le clergé trouvera une protection plus solide et plus durable dans la conformité de ses sentiments avec ceux du peuple. »

L'organisation du culte catholique en France a été concertée entre le pape et la république française; l'arrangement qui est intervenu en 1802, porte le nom de Concordat, et subsiste encore.

CHAPITRE VIII.

LIBERTÉ DES OPINIONS, DE LA PRESSE.

Le droit non-seulement de se former intérieurement, mais surtout d'exprimer en dehors ses idées sur quelque sujet que ce soit, est la plus précieuse prérogative du citoyen. Par elle, il répand les vérités utiles, dissipe les erreurs, confond les mensonges, soutient les droits, combat les oppressions.

La liberté des opinions doit exister sous quelque forme qu'on les manifeste, que ce soit par des discours, par des écrits, par des journaux, par des livres, par des dessins.

La différence entre les gouvernements libres et ceux qui ne le sont pas, consiste principalement en ce que dans ces derniers la pensée est arrêtée d'avance avant qu'elle se soit exprimée, tandis que dans les autres, elle a toute liberté de se produire et qu'elle n'est punie que si elle a été reconnue coupable. La plus flagrante violation de la liberté des opinions est la censure, dont la France n'a été délivrée qu'en 1830 pour les livres et les journaux, et contre laquelle protestent tous les peuples qui naissent à la liberté politique. Sous prétexte d'empêcher l'abus, la censure s'oppose arbitrairement au droit : elle étouffe les idées avant qu'elles aient pu voir le jour. C'est une institution odieuse et à jamais ruinée.

Le droit d'exprimer ses opinions par le moyen de l'imprimerie s'appelle liberté de la presse. Cette liberté est la sauve-garde de toutes les autres ; elle empêche les écarts du gouvernement, éclaire l'opinion publique sur les abus, fait tomber les mauvais pouvoirs, et amène tôt ou tard le triomphe de la justice.

La liberté de la presse s'exerce par les livres et par les journaux. Chacun peut faire imprimer un livre sans aucune autorisation et le vendre ou le faire vendre comme il lui convient.

La fondation et l'exploitation des journaux étaient soumises, sous le dernier gouvernement, à des conditions onéreuses que peu d'entreprises pouvaient accomplir, ce qui réduisait à un très-petit nombre les feuilles publiques quotidiennes; il fallait fournir un cautionnement considérable, présenter un gérant responsable, propriétaire au moins d'une partie du journal; chaque numéro était assujetti à un droit de timbre, qui augmentait le prix de l'abonnement. Toutes ces entraves sont tombées devant la liberté républicaine; on n'exige plus ni cautionnement, ni gérant : on se contente d'une simple déclaration de l'intention de publier, et du titre qu'on entend donner au journal. L'impôt du timbre a été aboli par un décret du gouvernement provisoire dès le 3 mars 1848.

A côté du droit de tout dire se place, pour les citoyens, le devoir de ne rien dire qui trouble l'ordre de la société, qui porte une atteinte violente aux lois du pays, ou qui attaque l'honneur des citoyens. La critique des actes du gouvernement est toujours permise ; elle est l'âme, la substance de la liberté de la presse.

Quand les torts de la presse vont jusqu'au délit, ils sont poursuivis et punis d'après les lois. Les inculpés ont la garantie d'un jury de douze citoyens, d'une discussion publique, et d'une défense complètement libre.

CHAPITRE IX.

LIBERTÉ D'ASSOCIATION.

Sous les gouvernements despotiques, la crainte tient les citoyens dans l'isolement; s'ils s'unissent, c'est secrètement et pour conspirer contre l'oppression; les complots sont leur seul moyen et leur seule espérance de liberté. Sous un gouvernement libre, tout se passe au grand jour : toutes les opinions s'expriment, se manifestent sans entraves; les citoyens s'entendent pour agir soit dans l'intérêt de l'État, soit pour soutenir leurs intérêts privés. La République reconnaît et pratique le droit d'association dans toutes ses manifestations; elle admet qu'on se réunisse dans un but politique, scientifique, littéraire, de bienfaisance. Sous ce régime de liberté, les citoyens forment des associations où se discutent les actes du gouvernement, soit pour les approuver, soit pour les combattre; ils peuvent se concerter pour porter aux autorités leur adhésion ou leurs réclamations. Le seul devoir des citoyens dans l'exercice de leur droit d'association, c'est de ne pas troubler l'ordre public, et de respecter chez les autres, dans toutes les opinions, le droit dont ils jouissent eux-mêmes. Quant au gouvernement, son droit et son devoir à l'égard des associations, c'est de les protéger quand elles ne portent point atteinte à l'ordre, et de les réprimer si leurs manifestations attaquent la sécurité publique.

Les associations qui ont un but religieux sont aussi libres que toutes les autres; mais cette liberté, comme toutes les libertés, est limitée par le droit de surveillance, de police, de sûreté, qui appartient à l'État. A cet égard, les principes viennent d'être clairement posés dans la lettre suivante, écrite par M. Carnot, ministre provisoire de l'instruction publique, à M. le cardinal de Bonald, archevêque de Lyon :

« Vous m'avez fait l'honneur de m'écrire pour appeler mon attention sur un arrêté pris par M. le commissaire provisoire du Gouvernement dans le département du Rhône, à l'effet d'ordonner la dissolution de diverses associations religieuses, qui s'étaient établies sans autorisation dans votre diocèse. Vous vous élevez contre cette mesure qui vous paraît constituer une atteinte à la liberté religieuse et au droit d'association.

« La liberté religieuse a été solennellement reconnue par le Gouvernement provisoire, dans un de ses premiers actes; celle des associations n'est pas plus contestée. La république n'hésite devant la consécration d'aucun droit; elle les garantit tous, et le Gouvernement provisoire n'entend pas faire obstacle à ce que les citoyens se réunissent pour accomplir en commun des actes de religion ou de bienfaisance, pas plus qu'il ne s'oppose à ce qu'ils s'assemblent pour l'exercice de leurs droits politiques.

« Le Gouvernement provisoire tient à ce qu'aucun doute ne puisse s'établir à cet égard dans les esprits.

« Mais vous reconnaîtrez en même temps que là même où la liberté est le mieux reconnue et le plus largement pratiquée, l'ordre et la sûreté publique ont aussi leurs droits, qui deviennent des devoirs pour l'autorité, dans des circonstances graves. Et je n'ai pas besoin de vous faire observer que dans ces cas, les mesures de police, souvent rendues nécessaires par ceux mêmes qu'elles semblent frapper, au lieu d'être une attaque contre les principes ou les personnes, sont, au contraire, pour les uns et les autres, une protection véritable.

« J'ajouterai, dans l'espèce, une considération essentielle : par cela même que le Gouvernement provisoire n'hésite pas à reconnaître hautement la liberté des associations religieuses, il a le droit d'exiger en retour que ces associations religieuses ne se constituent pas en dehors et au-dessus des règles qui, de tout temps, ont fait la base du droit public français, et que la république veut et doit maintenir avec fermeté.

« Si des associations peuvent, en principe, se former librement, ce ne doit être non plus que sous la réserve que ces associations, purement privées, n'affecteront pas le caractère de corps constitués ayant une existence propre; qu'elles n'essayeront pas de faire, par personnes interposées, les actes de la vie civile, dont la reconnaissance légale aurait seule pu les rendre capables; qu'enfin elles n'auront pas pour fondement des *vœux* qui seraient en désaccord avec l'esprit non moins qu'avec le texte de la législation du pays. Du moment donc que ces associations se seraient produites avec ces caractères, au mépris des règles que je viens de rappeler, de telles infractions ne sauraient évidemment constituer aucun droit, et, à ce titre, elles peuvent, le cas échéant, être supprimées. »

CHAPITRE X.

DROIT AU TRAVAIL.

Tout homme a le droit de conserver la vie qu'il a reçue de Dieu; la société doit l'aider à maintenir son existence.

De ce droit découle le devoir d'agir pour vivre : le citoyen doit chercher à travailler; l'État doit chercher à lui donner du travail.

Il y a une infinité de travaux, répartis selon les goûts, la capacité, les habitudes de chacun; l'ouvrier, le manufacturier, le commerçant, le laboureur, le savant, l'artiste, l'instituteur, l'avocat, le médecin, le prêtre, le soldat, tous sont des travailleurs. L'État doit favoriser, protéger, récompenser leurs travaux.

Les travailleurs les plus nombreux et les plus malheureux sont ceux qui vivent du salaire des journées qu'ils consacrent à un métier. Les industries qui les occupent sont sujettes à des variations, à des pertes qui retombent sur eux : quand un fabricant est ruiné, quand il suspend ses opérations, l'ouvrier manque de salaire : son sort est toujours précaire; ce qu'il gagne n'est pas toujours en proportion avec ce qu'il fait gagner à son patron, et celui-ci, pressé par une concurrence effrénée qui veut régner sur les ruines par un bon marché qui la fait périr à son tour, est obligé de réduire les salaires à un taux qui rend impossible l'entretien de l'ouvrier et de sa famille.

Ces maux sont grands; ils attristent l'humanité, ils révoltent la justice, ils appellent le concours de tous les efforts fraternels en faveur de ceux qui souffrent.

Le droit au travail, qui n'est autre chose que le droit de vivre honorablement, n'est pas absolu, en ce sens que l'État n'a évidemment pas la puissance de fournir à chaque citoyen un travail conforme à ce qu'il peut ou sait faire. Mais l'État a de grandes obligations pour que le droit au travail trouve satisfaction ; il faut qu'il recueille et soutienne ceux qui, malgré leurs efforts, ou à cause de leur âge ou de leurs infirmités, sont dans l'impossibilité de trouver ou d'accomplir du travail ; il faut, en second lieu, qu'il organise des travaux publics partout où de grandes entreprises peuvent s'établir utilement pour le pays; enfin, il faut qu'il facilite, par tous les moyens, directs ou indirects, le développement du travail, notamment en diminuant ou en supprimant les impôts qui pèsent sur la nourriture, le logement, le vêtement, et qui augmentent le prix des matières premières servant aux diverses fabrications, en abaissant ou en supprimant les droits qui empêchent de faire venir du dehors ou d'y envoyer les matières ou marchandises dont le travail peut avoir besoin, en détruisant l'abus de la durée et des conditions du travail, et en élevant de toutes les manières l'intelligence et le bien-être des travailleurs.

Tout cela est préparé déjà par les lois nées de la Révolution de 1789, sous l'inspiration de l'esprit d'égalité, par les progrès de l'industrie et de la science, et surtout par l'esprit de fraternité qui anime la République de 1848. Le gouvernement provisoire, pénétré de l'importance de la grande question du travail, a institué, dès le 28 février, pour l'examiner et en amener la solution, une commission imposante, présidée par deux de ses membres. Afin que toutes les idées y soient débattues, des écrivains y sont appelés; afin que tous les intérêts y soient représentés et défendus, les ouvriers et les patrons de tous les corps d'état y envoient des délégués choisis par eux, lesquels ont eux-mêmes tiré au sort un comité qui discutera avec la commission. De grandes lumières, des décisions pratiques et [illegible]lles sortiront d'un débat aussi largement établi. De part et d'autre on apporte des dispositions conciliantes; les difficultés sont immenses, comme l'ont prouvé les collisions et les désordres qui ont suivi, dans plusieurs localités, et à plusieurs reprises, les dissidences entre les ouvriers et les patrons. On a pu regretter, plus d'une fois, d'un côté des demandes exagérées, de l'autre une résistance cupide; la lutte doit cesser entre celui qui fournit le travail de ses bras pour vivre de son salaire, et celui qui fournit son argent pour payer les salaires et vivre du revenu de son capital : il est possible, il est nécessaire que ces deux intérêts se concilient. Le capitaliste et le travailleur doivent être des amis associés dans un but commun; ils ne peuvent se combattre sans s'affaiblir et sans se nuire. Grâce à l'esprit de justice, d'égalité, de fraternité, des conditions équitables pourront unir les deux espèces de travailleurs, ceux du salaire et ceux du capital, le patron et l'ouvrier. Qu'ils s'entendent cordialement; leur bien-être est à ce prix; de leur union dépend leur bonheur et aussi la prospérité de la patrie.

Si c'est pour le gouvernement un devoir de diminuer, de combattre les effets malheureux de la concurrence relativement au sort des travailleurs, à plus forte raison doit-il éviter de rien faire lui-même qui puisse établir une concurrence entre l'État et les travailleurs.

En donnant de l'ouvrage aux militaires en activité de service, aux personnes enfermées dans les prisons et dont le travail est pris au rabais par des entrepreneurs, évidemment l'autorité nuit aux travailleurs libres, parce qu'elle établit des conditions de bon marché que l'industrie ne pourrait réaliser qu'en subissant des pertes.

Le Gouvernement provisoire a compris qu'il y avait là un abus; il s'est empressé d'y porter remède par un décret du 24 mars, dont voici les termes : « Considérant que la spéculation s'est emparée du travail des prisonniers, lesquels sont nourris et entretenus aux frais de l'État, et qu'elle fait ainsi une concurrence désastreuse au travail libre et honnête;

« Considérant que les travaux d'aiguille ou de couture, organisés dans les prisons ou dans les établissements dits de charité, ont tellement avili le prix de la main d'œuvre, que les mères, les femmes et les filles des travailleurs ne peuvent plus, malgré un labeur excessif et des privations sans nombre, faire face aux besoins de première nécessité;

« Considérant qu'il y aurait à la fois injustice et danger à tolérer plus longtemps un état de choses qui engendre la misère et provoque l'immoralité;

Décrète :

Art. 1er. Le travail dans les prisons est suspendu.

Art. 2. Les marchés passés avec des entrepreneurs pour le travail des prisonniers seront résiliés immédiatement; s'il y a lieu à indemnité, le montant en sera payé par l'État et réglé, soit de gré à gré entre les parties intéressées, soit par les tribunaux compétents, après rapports d'experts.

Art. 3. La même mesure s'applique aux travaux accomplis par des militaires en activité de service, ou recevant de l'État la solde, l'entretien, la nourriture et le logement.

Art. 4. A l'avenir, les travaux exécutés, soit dans les prisons, soit dans les établissements de charité ou dans les communautés religieuses, seront réglés de manière à ne pouvoir créer pour l'industrie libre aucune concurrence fâcheuse.

CHAPITRE XI.

ÉGALITÉ.

Avant la Révolution de 1789, la nation était partagée en trois ordres, le clergé, la noblesse et le tiers-état ; ce dernier comprenait tout ce qui n'appartenait pas aux deux premiers. La plus choquante inégalité existait entre les deux ordres privilégiés, et celui qui ne l'était pas. La noblesse et le clergé possédaient entre eux la plus grande partie de la propriété territoriale, et cependant ils étaient exempts des impôts les plus lourds. Ils exerçaient, surtout dans les campagnes, des droits vexatoires qui obligeaient le peuple à travailler pour eux, ou à leur payer des rentes qui représentaient l'hommage des vassaux envers leurs seigneurs ; enfin, la plupart des emplois publics étaient réservés aux deux ordres privilégiés. De telles iniquités, condamnées depuis longtemps, par la raison publique, tombèrent bien vite devant les résolutions énergiques de l'Assemblée nationale constituante, qui s'empressa d'abolir les ordres, détruisit la féodalité, et proclama l'égalité entre tous les citoyens. Les titres de noblesse disparurent. La République acheva ce que la Constitution de 1789 avait commencé.

L'empereur Napoléon, ayant relevé la monarchie, crut devoir rétablir aussi la noblesse ; il donna, à ses généraux, à ses grands fonctionnaires, à sa famille, des titres empruntés à l'ancienne noblesse. La Charte de 1814, et celle de 1830, conservèrent les titres de l'ancienne et ceux de la nouvelle aristocratie. Ces hochets, d'ailleurs sans valeur réelle, puisqu'ils ne conféraient aucune fonction, et ne dispensaient d'aucune charge, ne servaient qu'à la vanité : mais ils avaient le danger de tendre à perpétuer dans la nation des espèces de castes distinctes, qui pouvaient se regarder comme supérieures et qui aspiraient à prendre ou à conserver les avantages qui appartiennent à tous. Ce dernier reste des traditions de l'ancien régime a été anéanti par la République de 1848 : un décret du Gouvernement provisoire, du 29 février, abolit les titres de noblesse et défend d'en prendre les qualifications dans les actes.

Il y a plusieurs sortes d'égalité.

L'égalité naturelle n'existe pas. Dieu a fait les hommes inégaux en force physique, en intelligence, en activité, en caractère.

Dans la société, l'inégalité existe aussi ; on ne peut pas faire qu'il n'y ait des hommes plus capables que d'autres, qui réussissent mieux, qui s'enrichissent plus vite, qui conservent leur avoir par plus de prudence, par une meilleure conduite.

Mais il y a une égalité civile qui est due à tous, que tous les gouvernements peuvent donner, et une égalité politique qui n'appartient qu'aux gouvernements républicains.

L'égalité civile consiste en ceci : tous les citoyens doivent supporter également les charges de l'État, comme le service de la garde nationale et de l'armée ; ils doivent tous payer leur part des impôts. Selon leur fortune : évidemment celui qui n'a que son salaire pour vivre et nourrir sa famille ne doit pas payer à l'État autant que celui qui possède des maisons, des terres ou des rentes, aucune classe ne doit avoir le privilége d'arriver, au détriment d'aucune autre, aux emplois publics; enfin, tous les citoyens sont égaux devant la loi, c'est-à-dire ont les mêmes juges, comparaissent devant les mêmes tribunaux : aucune différence n'existe entre eux dans tous les actes de la vie civile ou administrative.

L'égalité politique est l'appel de tous à l'exercice des droits de citoyen, à l'élection des députés, des chefs de tout grade dans la garde nationale, à l'honneur d'être élu à ces mêmes fonctions, aux pouvoirs électoraux qui seront réglés par les lois futures de la République. Pour la première fois, ce droit vient d'être proclamé sans restriction.

Un si vaste principe est le couronnement de l'œuvre des temps. La société française a toujours marché vers ce grand résultat. Sous l'ancien régime, alors même que subsistaient les derniers vestiges de la féodalité et les ordres privilégiés, l'esprit d'égalité régnait partout, et la vieille aristocratie, déjà décriée et presque démolie d'avance, est tombée sous les premiers coups de l'Assemblée constituante. Mais la noblesse, dont une partie avait déserté la patrie pour servir les ennemis de la France et de la Révolution, dont une autre partie s'efforçait de rendre à la royauté ses anciens pouvoirs absolus, la noblesse excita la colère du peuple par sa résistance à l'égalité : de déplorables excès, de tristes guerres civiles éclatèrent. Napoléon mutila la liberté : mais il respecta l'égalité, en ce sens qu'il prenait le mérite partout, et qu'il élevait aux grades et aux dignités l'homme du peuple comme le riche ou l'ancien noble; mais il eut le tort de reconstituer une aristocratie titrée, et de sacrifier presque exclusivement les professions à l'état militaire. Après lui, Louis XVIII et Charles X accordèrent une préférence marquée à la noblesse et au clergé. Sous Louis-Philippe, la bourgeoisie s'empara du pouvoir, et elle l'exerça dans son intérêt exclusif, en oubliant les principes d'égalité qui lui avaient servi à le conquérir. Pendant ce temps, ceux qui n'appartenaient pas à la bourgeoisie se préparaient à la vie politique par des luttes ardentes, par l'étude, par le spectacle des combats parlementaires, par la lecture des journaux, par les associations; la République leur a ouvert la voie, et ils entrent en jouissance des droits qu'ils ont attendus si longtemps et qu'ils sont si dignes de posséder.

Désormais donc il n'y a plus, en France, ni privilégiés, ni classes; il n'y a que des citoyens ayant les mêmes droits, vivant de la même vie, pouvant, sans distinction de profession ou de fortune, aspirer, selon leur mérite et la confiance de leurs concitoyens, à toutes les situations. Dans ce grand mouvement de progrès, les haines anciennes n'ont pu trouver place : aucune violence, aucune menace n'a souillé l'avénement de l'égalité républicaine; c'est un signe de force, un gage de durée.

CHAPITRE XII.

PROPRIÉTÉ.

Le travail est le premier fondement de la propriété ; quoi de plus juste que chacun possède, garde et transmette ce qu'il a acquis ? Celui qui a, le premier, cultivé une terre, a droit de la considérer comme étant à lui ; de même l'ouvrier est propriétaire de l'argent qu'il gagne, le commerçant du profit qu'il fait, l'avocat, le médecin, de ce qu'il retire de l'exercice de sa profession, le fonctionnaire public, des appointements qu'il touche, l'auteur ou l'artiste de ce que peut produire son œuvre ou son talent. C'est l'État qui garantit la propriété : s'il en était autrement, on se disputerait sans cesse ce que chacun peut posséder, et il y aurait constamment des collisions entre les citoyens. L'État fait plus encore : il ne garantit pas seulement la possession des objets, il en assure la transmission après la mort du possesseur ; c'est un encouragement donné au sentiment de la famille, une excitation pour l'activité de celui qui a du dévouement pour ses parents, et qui n'est pas assez égoïste pour ne penser qu'à lui-même ; c'est aussi une chose équitable que, quand un propriétaire est mort, ce qui lui appartenait passe plutôt à sa famille qu'à des étrangers.

La propriété étant un droit, toutes les législations lui doivent protection ; il faut que, partout, chacun puisse, en toute sécurité, jouir de ce qu'il possède, et en disposer, pourvu que ce soit sans nuire à autrui, et en se conformant aux intérêts généraux de l'État.

L'État peut exiger des sacrifices de la propriété, par compensation des avantages qu'elle procure; il prélève sur elle des impôts plus ou moins considérables, selon les besoins de la patrie, sujet qui sera traité dans un prochain chapitre; l'intérêt public peut même demander des mesures plus graves : il autorise à priver un citoyen de sa propriété; mais cela n'a pas lieu arbitrairement, comme dans les pays où existait l'infâme usage de la confiscation qui, dans les derniers temps n'était plus, en France, que la conséquence de certaines condamnations judiciaires; dans ces limites même, c'était encore une injustice, car elle atteignait les membres innocents d'une famille, pour la faute d'un seul coupable. La confiscation est aujourd'hui complétement abolie.

Quand l'État impose à un citoyen le sacrifice total ou partiel de sa propriété, ce n'est jamais que pour des motifs d'intérêt général bien constatés, et sous la condition expresse d'une juste indemnité. S'agit-il d'un terrain ou d'un bâtiment à exproprier? Il faut d'abord que les travaux qui doivent entraîner la perte de tout ou partie de la propriété aient été autorisés, après un examen public, et qu'un acte du gouvernement déclare que ces travaux sont d'utilité publique. La désignation des propriétés dont les travaux doivent amener l'expropriation n'a lieu qu'après la publication des plans et la décision sur les réclamations auxquelles ils peuvent donner lieu. Les propriétaires désignés peuvent convenir avec l'administration, du prix et des conditions de la vente; si on ne tombe pas d'accord, les tribunaux prononcent l'expropriation, et le montant de la somme à payer est fixé par un jury de douze citoyens.

Les droits de la propriété privée sont, avec raison, modifiés quand il s'agit du dessèchement des marais : la salubrité publique exige que ces travaux aient lieu, lors même que l'intérêt privé devrait en souffrir. C'est aussi dans la vue du bien public que la propriété des mines est distincte de celle du sol où elles se trouvent, et que l'on peut obliger, mais toujours moyennant une indemnité, un propriétaire à souffrir qu'on fasse, dans son terrain, des travaux de recherche d'une mine. Quand des terrains contiennent du sable, de la pierre ou d'autres matériaux nécessaires, les ingénieurs peuvent les fouiller et y prendre des matériaux, à charge de les payer aux propriétaires. En cas de besoins extraordinaires pour l'armée, les citoyens peuvent être tenus de fournir, sur la réquisition des autorités, du pain, de la viande, des boissons, chaussures, etc. Enfin les nécessités de la défense nationale ont fait établir ce qu'on appelle des servitudes militaires, c'est-à-dire que, dans un certain rayon autour des places fortes, on ne peut, suivant la distance, élever aucune construction, ou qu'on est astreint à des conditions plus ou moins gênantes.

On voit, par ces exemples, que si, vis-à-vis de ses concitoyens, chacun est protégé dans la jouissance libre de sa propriété, cette espèce de puissance de l'individu cède devant les intérêts de la patrie. Dans les temps de crise comme ceux qui suivent une révolution et la naissance d'un régime nouveau, il est du devoir des bons citoyens de ne pas s'enfermer dans l'enceinte étroite, égoïste de leur droit personnel; ils doivent aller au-devant des sacrifices, et si l'abandon de quelque partie de leur propriété, de leur aisance, est conciliable avec les besoins de la famille qu'ils ont à nourrir, qu'ils n'hésitent jamais : les privations ne coûtent pas au patriotisme; elles ont leur récompense dans la conscience, et elles tournent même à l'avantage de ceux qui se dévouent : car de pareils actes donnent au pays la confiance, la force, la richesse, et la prospérité de la patrie est la garantie du bien-être de chacun de ses enfants.

CHAPITRE XIII.

DROITS CIVILS ET DE FAMILLE.

Une partie des membres de la nation n'exerce pas, de fait, les fonctions politiques : par exemple, les femmes, les enfants. Ils n'en sont pas moins protégés dans leurs intérêts de famille, de propriété, dans ces mille relations d'affaires qui composent la vie civile et de famille.

La loi a pris soin de constater avec une entière certitude les principaux actes de l'existence légale. La naissance, le mariage, la mort, sont inscrits, d'après des témoignages certains et des formalités déterminées, sur des registres tenus dans chaque mairie, et dont la conservation est assurée.

La base de la famille c'est le mariage, cette union sainte, sanctionnée par la loi et bénie par la religion. De sages précautions sont prescrites pour qu'il soit contracté avec prudence : l'autorité des père et mère ou de ceux qui les remplacent y intervient ; il est célébré par les officiers municipaux, qui rappellent aux époux, en leur lisant la loi, les graves obligations qu'ils contractent, obligations affectueuses et de mutuel secours entre eux, de sollicitude et de surveillance envers les enfants espérés.

C'est sous l'aile de la puissance paternelle que les enfants grandissent. Cette puissance, qui s'étend sur la personne et sur les biens, cesse à l'âge de vingt et un ans : mais la déférence qu'on doit à l'auteur de ses jours survit à l'autorité légale ; le Code proclame cette belle maxime ; l'enfant, à tout âge, doit honneur et respect à ses père et mére.

S'il a eu le malheur de perdre ou son père ou sa mère, l'enfant est pourvu d'un tuteur qui dirige son éducation et administre ses biens, sauf à lui rendre compte à la fin de sa gestion. Il en est de même dans le cas où, même après vingt et un ans, un citoyen tombe dans un état de folie qui le rend incapable de se bien diriger ; les tribunaux examinent et constatent l'état de ses facultés intellectuelles, et une tutelle bienfaisante veille sur lui.

CHAPITRE XIV.

CHARGES PERSONNELLES IMPOSÉES AUX CITOYENS DANS L'INTÉRÊT PUBLIC.

Les principales charges personnelles sont celles du service de la garde nationale et du service militaire.

Faire partie de la garde nationale c'est, pour tous les citoyens en âge de porter les armes, un devoir et un droit. Depuis l'établissement du gouvernement républicain, la garde nationale a pris une immense extension : elle est devenue le peuple armé. Tous les citoyens, sans distinction de rang et de profession, y sont incorporés ; leur masse fraternelle forme un magnifique ensemble, et présente une invincible résistance aux perturbateurs du dedans ou aux agressions du dehors.

Dès le 25 février, le gouvernement provisoire a déclaré que les gardes nationales dissoutes sous la monarchie étaient réorganisées de droit, et qu'elles allaient reprendre immédiatement leur service. Il ordonna, de plus, la formation de vingt-quatre bataillons de garde nationale mobile.

Le principe de l'élection pour les grades de la garde nationale a été posé par l'assemblée constituante dès la première formation. Ce principe, violé par la restauration, reparut, avec des restrictions, dans la loi de 1831. Il va recevoir tous ses développements pour la nouvelle organisation de la garde nationale qui, à Paris, sera quatre fois plus considérable qu'auparavant, et qui comprendra près de 200,000 citoyens. Le décret du gouvernement provisoire, en date du 8 mars, divise en trois jours les élections de la garde nationale parisienne, sur lesquelles seront modelées celles des départements; le premier jour, tous les citoyens inscrits sur les contrôles voteront pour la nomination du colonel et du lieutenant-colonel; le second jour, il sera procédé à l'élection des chefs de bataillon; le troisième jour les compagnies nommeront leurs officiers et sous-officiers. L'élection, comme on le voit, pourvoira aux grades les plus élevés ainsi qu'aux grades inférieurs.

L'égalité républicaine exigeait la suppression des compagnies, dites d'élite, de grenadiers et de voltigeurs : ces distinctions n'étaient fondées sur aucune raison d'utilité; toutes les compagnies de chaque bataillon ont été réparties par circonscription de quartiers et de rues : plus rapprochés les uns des autres de cette manière, les gardes nationaux se connaissent mieux et sont plus tôt prêts en cas d'appel.

Un arrêté du ministre de l'intérieur, M. Ledru-Rollin, du 26 mars 1848, vient de régler les formes dans lesquelles seront faites les élections de la garde nationale dans les départements autres que ceux de la Seine. Cet arrêté se réfère, en beaucoup de points, à la loi du 22 mars 1831, celle qui a établi l'organisation actuelle de la garde nationale; voici les principales dispositions prises par le ministre :

Tous les citoyens inscrits sur les contrôles de la garde nationale, sont appelés à procéder, à partir du jour qui sera fixé pour chaque département par le commissaire du Gouvernement chargé de l'administrer, à l'élection des colonels, lieutenants-colonels, chefs de bataillon, porte-drapeau, officiers, sous-officiers et caporaux des légions, bataillons ou escadrons et compagnies auxquels ils appartiennent. Les élections devront être effectuées dans le courant du mois d'avril prochain.

Les compagnies actuellement existantes sous la dénomination de *grenadiers* et de *voltigeurs*, sont supprimées, et les citoyens qui les composent seront immédiatement inscrits sur le contrôle de la compagnie au territoire de laquelle ils appartiennent par leur domicile.

Quel que soit l'effectif des gardes nationaux inscrits au contrôle du service ordinaire, le nombre des compagnies par bataillon ne pourra s'élever au delà de huit, ni descendre au-dessous de quatre.

Les escadrons ou subdivisions d'escadrons, les compagnies ou subdivisions de compagnies de cavalerie, d'artillerie, de sapeurs-pompiers et autres corps spéciaux continuent de rester en dehors de l'organisation des bataillons.

Il sera procédé ainsi qu'il suit aux élections :

Les légions se réuniront d'abord par bataillons, divisés en sections, pour nommer : 1° leur colonel ; 2° leur lieutenant-colonel. Chacune de ces deux élections aura lieu au scrutin individuel et secret, et à la majorité absolue des suffrages.

Chaque bataillon procédera ensuite à l'élection de son chef ainsi que de son porte-drapeau.

L'élection de ces officiers se fera simultanément au scrutin individuel et secret, et à la majorité absolue, au moyen de deux urnes différentes. Dans l'une seront déposés les bulletins pour le chef de bataillon. Dans l'autre les bulletins pour la nomination du porte-drapeau.

L'élection des capitaines aura lieu par bulletins individuels ou par bulletins de liste, suivant que la compagnie aura un seul capitaine, ou un capitaine en premier et un capitaine en deuxième.

Dans ce dernier cas, les bulletins imprimés porteront la désignation suivante :

Capitaine en premier, le citoyen .....

Capitaine en deuxième, le citoyen .....

L'élection des lieutenants et sous-lieutenants aura lieu sur bulletins individuels ou sur bulletins de liste, selon qu'il y aura un ou plusieurs officiers de ces grades à nommer.

Lorsqu'il y aura, dans une compagnie, deux ou plusieurs lieutenants ou sous-lieutenants, ils seront classés entre eux selon l'ordre des suffrages obtenus, à quelque tour de scrutin que l'élection ait eu lieu.

L'élection à ces divers grades aura lieu par trois scrutins successifs, à la majorité relative, sur bulletins de liste :

Un pour le sergent-major et le fourrier ;

Un pour les sergents ;

Un pour les caporaux.

Des officiers, dans chaque grade, ne pourront être élus à la majorité relative que si, après un premier et un second tours de scrutin, il reste encore des nominations à faire. Dans ce cas, il sera procédé à un scrutin de ballotage entre les candidats ayant obtenu le plus de suffrages au second tour de scrutin, en nombre double de celui des officiers restant à nommer.

Au cas où deux candidats auront obtenu le même nombre de voix, l'élection sera acquise au plus âgé.

Les gardes nationaux des escadrons ou subdivisions d'escadrons de cavalerie, d'artillerie, et des compagnies ou subdivisions de compagnies de sapeurs-pompiers, marins et ouvriers marins, concourront :

1° Avec tous les gardes nationaux de la légion à laquelle

ils appartiennent, à l'élection du colonel et du lieutenant-colonel de ladite légion ; 2° avec tous les gardes nationaux du bataillon, soit communal, soit cantonal, dans la circonscription duquel ils se trouvent compris, à l'élection du chef et du porte-drapeau dudit bataillon.

Pour l'un et l'autre cas, ils se réuniront aux gardes nationaux de la commune où ils sont respectivement domiciliés.

De plus, dans les localités où la garde nationale ne forme point un bataillon communal, et où les corps spéciaux ne se composent que de subdivisions, les gardes nationaux de ces corps spéciaux participeront individuellement, avec la compagnie dans la circonscription de laquelle ils sont domiciliés, à l'élection des officiers de la garde nationale communale, supérieurs en grade à ceux que leur assigne la force de leur effectif.

Ils procéderont ensuite, et selon les règles ci-dessus posées, aux élections que comporte leur cadre particulier.

Les élections auront lieu sous la présidence du maire ou de l'un de ses adjoints assisté de deux membres du conseil de recensement.

Si le nombre des sections excède celui des maires et adjoints, la présidence appartiendra, dans quelques-unes, à des membres du conseil de recensement délégués par le maire. Le président ainsi désigné sera également assisté de deux membres du conseil de recensement.

Les membres du bureau choisiront le secrétaire de chaque assemblée ou section.

Les dispositions de cet arrêté ne seront point appliquées à l'égard des communes où déjà il a été procédé au renouvellement des officiers et sous-officiers de la garde nationale d'après les principes établis par le décret relatif à la garde nationale de Paris.

Le service militaire est une charge qui doit se répartir sur tous les citoyens ; il ne doit y avoir d'autres dispenses que celles, en petit nombre, qu'exigent les besoins des services publics ou des considérations d'humanité. C'est là surtout, quand il s'agit de ce qu'on a justement appelé l'impôt du sang, que l'égalité doit régner et le privilége disparaître.

L'armée se compose de militaires enrôlés volontairement et de citoyens pris par le recrutement forcé. Le nombre d'hommes appelés à faire partie de l'armée est fixé chaque année par une loi qui les répartit entre les départements. Tous les Français âgés de vingt ans sont soumis aux appels forcés. Afin que l'on soit certain que tous ceux qui doivent y concourir le feront réellement, et que ceux-là seulement y figureront, il est dressé chaque année, dans chaque commune, un tableau de recensement qui est publié et contre lequel on peut élever des réclamations. Le tirage au sort se fait publiquement au chef-lieu du canton ; un conseil de révision prononce aussi publiquement sur les réclamations et les exemptions. Les jeunes gens ainsi appelés sont répartis entre les corps de l'armée.

En compensation des fatigues, des périls de la vie militaire, la loi devrait donner aux soldats des perspectives d'avancement, et aux officiers des garanties pour la conservation de leur grade ; les gouvernements antérieurs n'ont pourvu à ce devoir que d'une manière incomplète ; ils ont fait une large part à la faveur. C'est au régime républicain qu'il appartient de récompenser les services rendus, et de se montrer juste, sans aucune partialité, envers tous les défenseurs de la patrie.

CHAPITRE XV.

IMPÔTS.

Tous les citoyens doivent participer aux charges de l'État, contribuer au payement des impôts, qui sont nécessaires pour que le gouvernement puisse pourvoir aux dépenses exigées par les services publics.

Deux grands principes dominent tout bon système d'impôts : 1° les citoyens ne doivent être grevés que pour des dépenses réellement utiles, pour les véritables besoins de la nation ; 2° la répartition de l'impôt doit être faite avec équité entre les citoyens, de manière à ce que chacun paye dans les proportions de ses ressources, et à ce que les objets de première nécessité ne soient pas surchargés, au préjudice du pauvre.

Le gouvernement monarchique entraîne des dépenses inhérentes à sa nature ; des dotations sont réclamées pour le prince et pour sa famille ; le trône est entouré d'un faste coûteux : des palais, de vastes propriétés sont attribués aux plaisirs du roi ou à une splendide représentation. Le gouvernement républicain ne connaît ni liste civile, ni cour, ni luxe royal ; il n'a point de prince ni de princesse à pourvoir ou à doter ; ses chefs ne prélèvent pas de millions sur les impôts, et ils ne rattachent pas à leur personne les magnificences de la nation qu'ils représentent. Les traitements excessifs, les cumuls de plusieurs places, les fonctions inutiles ne doivent pas exister sous la république ;

toutes les dépenses nationales peuvent et doivent y être réduites au niveau de ce qui est indispensable pour la bonne administration du pays.

Les vues du gouvernement à l'égard du nombre et du salaire des emplois publics ont été expliquées en ces termes dans le rapport de M. Garnier-Pagès, ministre des finances, sur la situation financière de la République, en date du 9 mars : « La gratuité des fonctions publiques est une institution aristocratique ; l'admissibilité de tous les citoyens à tous les emplois implique l'idée d'une juste rémunération.

« La république veut être bien servie : elle rétribuera convenablement ceux qui lui dévoueront leur intelligence et leur temps. Les fonctions publiques seront désormais une carrière véritable, où les intelligents, les zélés, les probes n'auront plus à céder tristement le pas aux plus recommandés. Point de sinécures, peu d'employés bien payés : tels seront désormais le principe et la règle du gouvernement de la république. »

La diminution des impôts sera la conséquence de la suppression des emplois inutiles.

Pour que les impôts soient justes, il faut qu'ils frappent les citoyens dans la proportion de ce qu'ils possèdent, et qu'ils épargnent le plus qu'il est possible les objets nécessaires à la subsistance du peuple, comme le sel, le pain, le vin. Dans plusieurs pays, on impose, avec raison, les choses de luxe, comme les voitures, les chevaux, les chiens. En principe, il est équitable que chacun paye selon son revenu et sur son revenu ; on s'accorde généralement sur cette idée : les difficultés ne s'élèvent que quant aux moyens d'arriver à connaître, avec certitude mais sans vexation, le revenu de chaque citoyen. On peut espérer un bon système d'impôts sur le revenu, puisque l'Angleterre y est parvenue, et qu'elle pratique en ce moment même, depuis plusieurs années, ce mode de contribution, afin de soulager la gêne de ses finances.

En attendant les réformes que comportent les impôts de la France, voici quel est l'état présent des choses.

Il y a trois sortes d'impôts : les contributions directes, les contributions indirectes, et des droits divers.

Les contributions directes, ainsi nommées parce qu'elles frappent directement sur les biens et sur les personnes, sont votées annuellement; le montant de la somme à laquelle elles s'élèvent est réparti par la loi entre les départements; elles sont payées, dans chaque localité, entre les mains d'un percepteur : celui-ci les verse dans la caisse du receveur de l'arrondissement; il y a, de plus, des directeurs et des receveurs généraux de département, qui correspondent directement avec le ministre des finances.

Il y a quatre contributions directes 1° la contribution foncière, qui frappe sur les fonds de terre, les bâtiments, maisons, édifices non consacrés à un usage public : les citoyens ont droit de réclamer s'ils ont été imposés mal à propos; 2° la contribution personnelle et mobilière, celle que tout le monde paye, selon l'importance de sa fortune et la valeur de son mobilier estimé d'après le prix du loyer : on est exempté de cet impôt si on justifie d'un état d'indigence; 3° la contribution des portes et fenêtres, due par les propriétaires, à raison du nombre des ouvertures extérieures des maisons; 4° la patente, payée par tous ceux qui exercent une profession ou une industrie non expressément dispensée de cet impôt : il est juste que ceux qui font des bénéfices en donnent une partie à l'État pour subvenir aux charges publiques.

L'impôt direct, pour ne pas être trop pénible, peut se payer par douzième, de mois en mois. La mauvaise volonté des contribuables ne doit pas entraver la rentrée des impôts : lors donc qu'ils ont reçu un avertissement puis une sommation, et qu'ils n'ont pas payé, ils peuvent y être contraints ; le moyen le plus rigoureux et le dernier que l'on emploie, c'est la vente des meubles du contribuable, à l'exception de ceux qui sont nécessaires à son existence et à sa profession.

Les contributions indirectes sont ainsi nommées parce qu'elles atteignent indirectement les consommateurs des objets qu'elles atteignent, en les frappant de droits qui les rendent plus chers. Elles sont gérées par une administration particulière, qui compte un grand nombre d'employés. Elles comprennent : 1° les droits sur la fabrication de la bière, sur la circulation et le débit de toutes les boissons[1], ainsi que sur leur entrée dans les communes populeuses ; 2° les droits sur la fabrication et le débit des cartes à jouer ; 3° les droits sur la vente du sel, impôt contre lequel s'élèvent des réclamations générales, parce qu'il renchérit la nourriture du pauvre et entrave les développements de l'agriculture ; 4° les droits sur la fabrication du sucre de betterave ; 5° les droits sur les voitures publiques, payables par les entrepreneurs, d'abord par année à raison de leur entreprise, puis à raison du nombre des places des voitures qu'ils envoient et du prix du transport des marchandises ; 6° les droits de navigation intérieure et de passages d'eau, perçus sur les fleuves, rivières et canaux ; 7° les droits de garantie sur les matières d'or et d'argent, les ouvrages faits avec ces métaux étant marqués, suivant

[1] Cet impôt vient d'être supprimé par un décret du 31 mars, précédé d'un rapport dont on trouvera le texte à la fin de ce volume.

un tarif, afin qu'on ne puisse pas tromper le public; 8° les droits sur le tabac : c'est le consommateur qui les paye par le prix auquel on lui vend le tabac, qui est fabriqué par l'administration publique, et vendu par des débitants qu'elle nomme ; 9° il en est de même de la poudre à tirer; 10° les droits d'octroi, perçus sur les objets qui entrent pour être consommés dans l'intérieur des villes.

Parmi les droits divers qui ne sont classés ni comme contributions directes ni comme impôts directs, on range :

1° Les droits d'enregistrement, que l'on paye pour faire inscrire les actes, dans l'intérêt de leur conservation et de la certitude de leur date, sur un registre public, et pour faire connaître les changements de propriété, ce qui s'appelle mutation. La même administration chargée de percevoir et de faire payer les droits d'enregistrement et de mutation, est aussi chargée de tout ce qui concerne le timbre, marque légale appliquée sur le papier, moyennant un droit, et qui atteint un immense nombre d'actes ;

2° Les droits de postes que les citoyens payent pour expédier ou pour recevoir, soit des lettres, soit de l'argent. L'élévation du tarif et la diversité des taxes, variées selon les distances, ont donné lieu à de nombreuses réclamations. Des projets de réforme, basés sur cette idée que moins le port coûtera plus on écrira de lettres, ont été présentés. C'est surtout parmi les citoyens peu aisés et parmi les commerçants que l'abaissement du tarif produira les effets les plus salutaires.

3° Les droits de douanes et de navigation maritime. Les douanes sont une vieille institution qui semble reculer et s'affaisser devant les progrès de la civilisation ; elles ont pour but d'empêcher absolument ou de ne permettre que moyennant des droits, l'entrée ou la sortie de certaines marchandises. Autrefois, quand la France était partagée en provinces, ayant chacune ses intérêts, ses usages, il y avait des lignes de douanes de province à province, et l'on comprend combien d'entraves il en résultait pour le commerce et l'industrie. La révolution de 1789 ayant fait de la France, ainsi morcelée, un tout homogène, les douanes intérieures tombèrent; elles furent reportées aux frontières extérieures. On crut d'abord qu'il importait à la prospérité de l'industrie française, de la protéger en prohibant d'une manière absolue certains produits étrangers. Mais on s'aperçut que les autres nations agissant de même par représailles, on se nuisait réciproquement; peu à peu le système de la prohibition fut abandonné; on le remplaça par celui des droits, plus ou moins élevés, d'importation ou d'exportation. Il y a une tendance marquée à l'abaissement progressif des-tarifs de douanes, et on peut prévoir une époque où les nations échangeront librement leurs produits comme leurs idées. La nouvelle fraternité qui se manifeste entre les peuples depuis la révolution de 1848 amènera la liberté commerciale universelle à la suite de la liberté politique. Les douanes, avec leur coûteuse administration, deviendront inutiles, comme le deviendront aussi les places fortes et les nombreux régiments qui gardent les frontières.

4° L'État perçoit encore divers droits, tels que ceux sur les monnaies et médailles, la vérification des poids et mesures, les passe-ports, sur les établissements d'eaux minérales, etc.

Tel est l'ensemble des contributions que le gouvernement prélève sous tant de formes diverses. Ce système d'impôts demande d'importants changements; mais il a été régulièrement établi, et toute interruption dans les perceptions causerait de graves perturbations dans les finances de l'État:

c'est donc un devoir pour tout citoyen de se soumettre aux impôts existants. Il y a plus : dans les circonstances où la nation a besoin de réaliser promptement toutes ses ressources, les bons citoyens doivent aller au devant de leurs obligations légales, et s'acquitter de leurs contributions, avant même qu'ils puissent y être contraints.

CHAPITRE XVI.

FINANCES DE L'ÉTAT.

La situation financière de l'État résulte de la comparaison des ressources avec les charges, des recettes avec les dépenses.

L'État a pour ressources le produit des impôts, celui des emprunts qu'il fait et le revenu des biens qu'il possède. Les biens qui lui appartiennent portent le nom de *domaine de l'État;* il s'y trouve des forêts, des édifices, des propriétés rurales : il comprend aussi les terres abandonnées, les biens sans maîtres, le produit des amendes prononcées par les tribunaux, les îles qui se forment dans les fleuves et les grandes rivières, les biens de toute espèce qu'on lui donne ou qu'il acquiert.

Les châteaux, fermes, maisons, terres, forêts composant la liste civile appartenaient à l'État, qui en abandonnait la jouissance au roi; depuis la révolution de février, toutes ces propriétés sont rentrées dans le domaine de l'État, et il en sera disposé conformément aux besoins du pays.

Les dépenses de l'État consistent dans les sommes nécessaires pour payer tous les services, l'armée, la marine, tous les fonctionnaires et employés, les frais qu'entraînent la perception des impôts publics, l'intérêt des dettes de l'État.

Ces dettes sont de différentes espèces. Toutes sont portées sur des registres qu'on nomme grand livre de la dette publique, qui contient la liste de toutes les personnes à qui l'État doit. Pour qu'on ne soit pas obligé de se faire inscrire à Paris au ministère des finances, il y a, dans chaque département, un livre auxiliaire. On appelle effets publics les titres que l'on peut avoir dans la dette : ces titres se vendent et s'achètent.

Quand le gouvernement veut pourvoir à des dépenses avant d'avoir réalisé les ressources qui serviront à les couvrir, les moyens qu'il emploie pour se procurer les avances nécessaires constituent ce qu'on appelle la dette flottante : le montant doit en être réglé chaque année par une loi. Il est créé, pour représenter les sommes empruntées de cette manière, des bons du trésor, autrefois appelés bons royaux, que l'on remet aux prêteurs, qui portent intérêt, et qui peuvent être donnés, achetés et vendus pour servir de valeur dans la circulation.

Au nombre des dettes de l'État se trouvent encore les pensions des fonctionnaires ou employés civils et militaires, les intérêts des cautionnements, les sommes versées dans les caisses d'épargne, les emprunts contractés.

Il sera question ailleurs de l'institution des caisses d'épargne. Pour le moment, il suffit de dire qu'autrefois les fonds versés comme fruits des économies des citoyens étaient gérés par un établissement qui porte le nom de Caisse des dépôts et consignations : ils y étaient conservés, et remboursés quand les déposants le demandaient. Depuis 1835, une loi, dont on avait d'avance signalé les inconvénients, ordonna le versement au trésor de l'État, des fonds des caisses d'épargne ; l'intérêt payé aux déposants fut diminué, et quand les sommes déposées passaient un certain taux, elles étaient placées en rentes sur l'État, placement que, d'ailleurs, on facilitait aux déposants, même pour des sommes peu élevées, afin de diminuer ainsi l'obligation de rembourser ceux qui auraient préféré garder leur capital. Les fonds versés par les caisses d'épargne dans le trésor public se sont trouvés représentés par les comptes, en argent, des sommes déposées, et par un certain nombre de rentes ou actions acquises pour les déposants.

Il reste à parler des emprunts. L'État, comme un particulier, emprunte quand ses besoins lui en font sentir la nécessité. Les emprunts qui grèvent la fortune publique doivent être entourés de précautions. Voici comment les choses se passaient à l'époque qui a précédé la révolution de février. Tout emprunt devait être autorisé par une loi; le gouvernement traitait, selon la faculté qui lui était accordée, soit avec une personne désignée d'avance, soit en appelant tout le monde à faire des propositions, et en donnant la préférence à celui qui aurait fait les offres ou soumissions les plus avantageuses à l'État. En échange des sommes prêtées, le prêteur recevait des rentes sur l'État, qu'il pouvait céder à d'autres personnes, et qui, ainsi, entraient dans la circulation, en augmentant le nombre des effets publics déjà existants. Pour faciliter à l'État le moyen de se libérer, il est réservé, dans chaque emprunt, une somme destinée à éteindre successivement l'obligation et qui s'appelle fond d'amortissement. Il existe un fonds spécial d'amortissement, pour le rachat de toutes les parties de la dette publique inscrite au grand livre : il est géré par une administration qui s'appelle Caisse d'amortissement. Avec le fonds dont elle a été dotée, la Caisse d'amortissement rachète des rentes, qu'elle ne peut plus céder à personne : il faut une loi pour les annuler et en disposer, en tout ou en partie.

Les recettes et les dépenses de l'État doivent être régulièrement constatées, ainsi que l'emploi qui a été fait des sommes perçues.

L'ensemble des recettes et dépenses de l'État forme ce qu'on appelle son budget; il est fixé chaque année par deux lois, dont l'une évalue d'avance les dépenses et l'autre fixe les impôts de l'année suivante. D'après les prévisions du budget, les recettes sont effectuées dans les communes par les receveurs des différentes administrations et par les percepteurs des contributions, puis remises aux receveurs de chaque arrondissement : celui-ci verse les fonds au receveur général de chaque département, lequel les tient à la disposition du ministre des finances. Quant aux dépenses, elles se font par un payeur résidant au chef-lieu du département ou par ses préposés. Aucun payement ne se fait dans les administrations sans avoir été ordonnancé, c'est-à-dire prescrit par un ministre ou un agent autorisé à délivrer des mandats ou ordres de payement.

Quand les recettes et les dépenses ont été faites, le compte des sommes reçues et payées est arrêté chaque année par une loi présentée dans la même forme que le budget. De plus, une autorité spéciale et indépendante, la Cour des comptes, examine les comptes de chaque ministère, et les compare avec ceux des divers agents de l'administration, qu'elle est aussi chargée de vérifier, afin qu'il y ait concordance entre ces comptes.

Tel est l'ensemble du système actuel de finances et de comptabilité de l'État. Il offre des garanties de régularité matérielle, mais il laisse des facilités à une mauvaise gestion de la fortune publique. Les dernières années du gouvernement monarchique ont compromis gravement les affaires financières de la France, et entraîné des conséquences qui font retomber un poids énorme sur les commencements du gouvernement républicain.

Le premier soin de M. Garnier Pagès, nommé le 7 mars ministre des finances, a été d'examiner la situation financière, et, dès le 9, il a pu présenter au gouvernement provisoire un rapport plein de franchise et de netteté, où il fait connaître en ces termes le véritable état des choses :

« Le pays veut connaître la vérité sur l'état réel de ses finances. Le gouvernement provisoire de la République a besoin de la dire. C'est son devoir, son intérêt, son droit.

« Il la dira tout entière, sans haine, sans crainte, mais aussi sans ménagements.

« J'aborde les faits :

Dette publique.

« Au 1er janvier 1841, le capital de la dette publique, déduction faite des rentes appartenant à la caisse d'amortissement, était de.......................... 4,267,315,402 fr.

« Le 1er janvier 1848, il s'élevait à... 5,179,644,730 »

« Loin de mettre une si longue paix à profit pour réduire le chiffre de la dette, la dernière administration l'a ainsi augmentée dans des proportions énormes.. 912,329,328 en sept années !

Budgets.

« Les budgets suivaient la progression de la dette.

« Celui de 1829 à 1830 se montait à....................... 1,014,914,000 fr. »

L'ensemble des crédits mis à la disposition du gouvernement déchu sur l'exercice 1847 s'élève à.... 1,712,979,639 » 62 c.

« Malgré les accroissements successifs des recettes, les

budgets présentaient chaque année un déficit considérable.

« De 1840 à 1847 inclusivement, la dépense a dépassé la recette de 604,525,000 fr.

« Pour 1848, le déficit prévu est de 48,000,000 fr., sans compter le chapitre complémentaire des crédits supplémentaires, extraordinaires, etc., ce qui élève à 652,525,000 fr. la totalité du déficit des budgets à la charge de la dernière administration.

Travaux publics.

« Les travaux publics entrepris sans mesure sur tous les points du territoire à la fois, pour satisfaire ou fomenter la corruption électorale, et non avec cette réserve que la prudence commandait si impérieusement, ont élevé les crédits à.............................. 1 081 000 000 fr.

« A déduire les sommes remboursées
par les compagnies.... 160 000 000 }
« Dernier emprunt.. 82 000 000 } 242 000 000 fr.

« Reste......... 839 000 000 fr.

« Sur cette somme, 435 millions ont été dépensés sur les ressources de la dette flottante et 404 millions restent encore à acquitter d'ici à l'achèvement des travaux.

Dette flottante.

« La dette flottante montait dans des proportions non moins considérables.

« Au commencement de 1831, elle atteignait un chiffre d'environ 250 000 000 fr.

« A la date du 26 février dernier, elle dépassait.......................... 670 000 000 fr.

« Plus, pour les rentes appartenant aux caisses d'épargnes............... 202 000 000

« En tout...... 872 000 000 fr.

« Sous un pareil régime, la situation de la Caisse centrale du trésor devait être rarement brillante. Pendant les deux cent-soixante-huit derniers jours de son existence, le gouvernement déchu a dépensé au delà de ses ressources ordinaires 294 800 000 fr. — 1 100 000 fr. par jour !

« Pour alimenter ces dépenses, le gouvernement de l'ex-roi puisait à trois sources : les bons royaux, l'emprunt, les caisses d'épargne.

« Du 12 avril 1847 au 26 février 1848, le chiffre des bons du trésor est monté de 86 millions à 325 millions.

« Les versements de l'emprunt conclu le 10 novembre 1847 ont été de 82 millions.

« Le reste de l'emprunt sera-t-il réalisé ? On l'ignore. Ce qui est certain, c'est qu'il faudra payer les bons du trésor.

« Quant aux caisses d'épargne, tout le monde en connaît la déplorable histoire. Sur les 355 millions versés entre les mains de la précédente administration, je n'ai trouvé en compte courant au trésor qu'une soixantaine de millions. Le reste était immobilisé en rentes ou en actions. D'où il suit que le gouvernement déchu s'était mis dans l'impossibilité absolue d'opérer les remboursements qui auraient pu lui être demandés.

« Telle est au vrai, citoyens, la situation financière que la monarchie lègue à la République. La République l'accepte.

« Mais il est urgent de porter remède au mal. Comment ? Pour assurer tous les services, établir le crédit public sur des bases vraiment solides, pourvoir à la continuation des travaux entrepris, améliorer le sort du peuple, que faut-il ? Des mesures sages, énergiques, promptes.

« Voici celles que j'ai déjà prises ou que j'ai l'honneur de soumettre à la décision du Gouvernement provisoire.

Amortissement.

« L'amortissement doit être maintenu ; c'est un engagement de l'État envers ses créanciers ; il faut que cet engagement soit rempli. Mais le Gouvernement déchu avait disposé par avance des réserves de l'amortissement. Lorsque la rente est tombée au-dessous du pair, nous nous sommes donc trouvés dans cette alternative, ou de faire mouvoir l'amortissement et de suspendre les travaux, ou de les continuer en donnant, comme par le passé, des bons du trésor au lieu de numéraire à la caisse d'amortissement. Ce dernier parti avait le double avantage d'assurer du pain à ceux qui n'en ont pas, et de laisser les espèces dans les caisses du trésor : plus de 500,000 fr. par jour. Il était donc impérieusement commandé par les circonstances. Je l'ai pris. J'ai décidé que la caisse d'amortissement continuerait de recevoir des bons du trésor au lieu d'espèces.

Bons du trésor.

« Les bons émis s'élevaient, le 24 février 1848, à 329,886,000 f. Un certain nombre de ces billets est à courte échéance. Mais, en général, ils sont régulièrement distribués sur les divers mois de 1848 et de 1849. La perception des impôts se fait actuellement avec la plus grande facilité. Les citoyens, dans leur patriotisme, se font un devoir de porter au trésor les impôts de l'année courante. Le service des bons du trésor est assuré. Je propose seulement de fixer l'intérêt à 5 p. 0/0 pour toutes les échéances indistinctement.

Caisses d'épargne.

3° Malgré les représentations les plus énergiques, le Gouvernement de l'ex-roi s'était mis dans l'impossibilité de tenir ses engagements envers les créanciers de la caisse d'épargne. Le gage, incessamment exigible, n'était plus libre dans ses mains. Au moment où j'ai pris la direction des finances de l'État, le 7 mars au soir, la propriété des déposants se décomposait de la manière suivante :

Au trésor en compte courant, à 4 p. 0/0.	65,703,620f. 40
En rentes 5 p. 0/0, ayant coûté........	34,106,135 25
En rentes 4 p. 0/0, *id*.........	202,316,175 »
En rentes 3 p. 0/0, *id*.........	34,084,447 92
En actions des 4 canaux, *id*.........	14,059,120 »
En actions des 3 canaux, *id*.........	4,818,218 75
	355,087,717 32

Après cet exposé, le ministre a proposé au Gouvernement différentes mesures pour diminuer les embarras financiers légués par le régime précédent. Ces mesures ont été consacrées par des décrets rendus le même jour, 9 mars ; le Gouvernement provisoire, conformément au rapport de M. Garnier-Pagès, a décrété : 1° qu'au-dessus de cent francs, les remboursements demandés à la caisse d'épargne seraient effectués pour une faible partie en argent, le surplus en bons du trésor et en rentes sur l'État ; 2° que le ministre des finances était autorisé à vendre les diamants de la couronne, et à faire convertir en monnaie l'argenterie et les lingots provenant des châteaux royaux ; 3° que le ministre des finances était autorisé à vendre les bois, forêts, terres, corps de ferme, etc., qui composent les biens de l'ancienne liste civile ; 4° que le ministre des finances est autorisé à faire vendre des biens de l'État jusqu'à concurrence de cent millions, s'il jugeait cette aliénation indispensable ; 5° qu'il serait ouvert un emprunt national de cent millions pour couvrir ce qui reste à émettre du dernier emprunt décrété en 1847.

A ces mesures le ministre ajoutait l'annonce de la réduction des emplois publics; son rapport se termine ainsi :

« Il me reste maintenant à compléter cet exposé par quelques observations générales.

« Les perspectives actuelles du trésor sont rassurantes. Grâce aux mesures qui ont été ou qui vont être prescrites, la situation prochaine sera bonne. Dans ce premier moment d'inquiétudes qui succède toujours aux grandes commotions politiques, les demandes d'argent ont afflué. Les caisses d'épargne surtout ont reçu de nombreuses demandes de remboursement. Mais déjà cette panique se calme. Tout le monde comprend que la fortune de la France est aujourd'hui ce qu'elle était hier, et l'on aperçoit dans un prochain avenir les améliorations qui doivent nécessairement résulter des nouvelles institutions que le pays s'est données. D'ailleurs, le zèle des citoyens se montre supérieur à toutes les difficultés. Les versements anticipés qui s'exécutent dans tous les bureaux de perception nous donnent l'assurance de pourvoir facilement désormais, non-seulement aux services ordinaires, mais encore aux nécessités de l'imprévu.

« Quant à la situation générale de la République sous le rapport financier, j'estime qu'elle n'a plus rien d'effrayant. La dette nationale, déduction faite des rentes qui appartiennent à l'amortissement, s'élève à.... 5,200,000,000 fr.

« Si l'on demande ce qu'a produit cette masse de capitaux, l'esprit s'arrête déconcerté devant l'énorme disproportion des moyens avec les résultats. Mais si l'on regarde le pays lui-même, l'aspect de ce qu'il peut rassure.

« La dette anglaise s'élève à 20 milliards. Elle repose sur l'assujettissement industriel et commercial de l'univers. Base variable et fragile !

« La nôtre n'est que de 5 milliards, et elle a pour base toute la propriété publique et particulière de la France, base inébranlable et chaque jour plus forte !

« Encore quelques années d'un Gouvernement républicain, d'une administration loyale, prudente et ferme, et le crédit de la France n'aura pas d'égal.

« Mais, dans ma conviction profonde, ces heureuses prévisions ne peuvent être réalisées que par le rapide affermissement de la République. Que tous les bons citoyens s'y efforcent, sans enthousiasme irréfléchi comme sans inutiles regrets. Le dernier prestige de la monarchie, c'était l'utilité. Beaucoup d'hommes sincères croyaient le maintien de cette forme indispensable au maintien de l'ordre, au règlement de tous les intérêts légitimes. La monarchie compromise, ils croyaient tout perdu. Ils se trompaient. Cette solennelle expérience qui vient de se faire a dû convaincre les esprits abusés mais sincères. Ce qui est certain, ce que j'affirme de toute la force d'une conviction éclairée et loyale, c'est que, si la dynastie d'Orléans avait régné quelque temps encore, la banqueroute était inévitable.

« Oui, citoyens ! proclamons-le avec bonheur, avec orgueil : à tous les titres qui recommandent la République à l'amour de la France et au respect du monde, il faut ajouter celui-ci :

« La République a sauvé la France de la banqueroute ! »

CHAPITRE XVII.

TRIBUNAUX.

Au nombre des garanties qui assurent aux citoyens le maintien de leurs droits, il faut compter une bonne organisation des tribunaux. L'avénement du régime républicain introduira nécessairement des modifications dans l'administration de la justice ; le ministre provisoire de la justice, M. Crémieux, a nommé une commission pour préparer un projet d'organisation judiciaire.

L'État de choses actuel remonte à l'époque où Napoléon était consul de la République française ; il y a fait des changements quand il est devenu Empereur ; mais le fond du système a été conservé, et subsiste encore aujourd'hui.

Un des premiers principes de toute administration de la justice, c'est que l'accès des tribunaux soit facile à tous les citoyens, et qu'on ne se trouve pas dans l'alternative ou de renoncer à l'exercice de son droit, ou de subir des dépenses ruineuses ; s'il en était autrement, le pauvre, l'ouvrier, les familles sans aisance n'auraient pas le moyen de se faire rendre justice. Sous ce rapport, les lois françaises appellent de grandes réformes. La procédure devant les tribunaux qui prononcent sur les affaires d'intérêt entre les citoyens, et qu'on appelle tribunaux civils, est hérissée de formalités nombreuses, qui entraînent des délais préjudiciables, et une foule d'actes coûteux, qui doivent être enregistrés et faits sur papier timbré. L'instruction des procès se passerait aisément d'une grande partie de ces pièces que les juges ne lisent pas, et qui n'ont souvent d'autre utilité que de rapporter de l'argent au trésor public, et des bénéfices aux personnes chargées de diriger les procédures. Simplifier les procès, supprimer bon nombre d'actes, réduire les frais, c'est un besoin urgent. La justice, surtout sous un gouvernement d'égalité, doit être mise à la portée de tous; il serait dérisoire de bien organiser les tribunaux, si la possibilité d'arriver jusqu'à eux devient, par l'abus des tarifs et des procédures, un privilége qu'il faut acheter par des sacrifices ruineux.

En attendant des réformes indispensables, voici comment les tribunaux sont organisés depuis près de cinquante ans, constitution qui a traversé, presque intacte, plusieurs révolutions.

Dans chaque canton, il y a un juge de paix qui prononce seul; quand il est empêché, il est remplacé par un suppléant. Dans chaque arrondissement, il y a un tribunal, composé de plusieurs juges, dont le nombre varie selon l'importance des populations. On compte vingt-sept cours d'appel, dont chacune embrasse un ou plusieurs départements. Au-dessus de tous ces tribunaux siége à Paris une Cour de cassation, instituée pour annuler les décisions contraires aux lois. Les commerçants ont, pour leurs affaires, des juges particuliers qu'ils choisissent eux-mêmes parmi les principaux négociants. Pour les discussions entre ouvriers, ou bien entre ouvriers et fabricants, il existe des prudhommes élus par eux et entre eux; cette institution a besoin d'être généralisée et mise en harmonie avec les principes d'égalité du gouvernement républicain.

Dans l'ancien régime, avant 1789, les tribunaux pouvaient juger secrètement, et ils n'étaient pas obligés de faire connaître les motifs de leurs décisions; les jugements formaient une sorte d'oracles mystérieux. Il n'en est plus ainsi; depuis une loi de 1790, chaque citoyen peut s'assurer de la manière dont la justice est rendue : les séances des tribunaux sont publiques, et tous les jugements sont prononcés et rédigés avec les motifs sur lesquels ils se fondent. La publicité des jugements est une garantie tellement précieuse qu'elle ne souffre aucune exception; quand les magistrats craignent que les débats d'une affaire produisent du scandale ou du désordre, ils peuvent ordonner que l'instruction se fasse en secret; mais quand elle est terminée, il faut qu'ils rendent le jugement en public. L'infraction à l'obligation de motiver les décisions et de les prononcer publiquement est une cause de nullité des jugements.

Auprès des cours d'appel et des tribunaux d'arrondissement se trouve un ministère public, fonction importante qui consiste à représenter le gouvernement près des tribunaux, à provoquer et à maintenir l'exécution des lois et des jugements, à l'exiger même spontanément quand l'ordre public y est intéressé, à veiller à la conservation des biens de l'État, à protéger les personnes incapables de se défendre par elles-mêmes, suivre les affaires criminelles pendant toute leur durée. Le ministère public existe aussi à la cour de cassation; là, comme aux cours d'appel, son chef porte le nom de procureur général; devant les tribunaux d'arrondissement, il s'appelle commissaire du gouvernement.

Les greffiers sont chargés d'écrire les actes des tribunaux et des cours, de les garder et d'en donner des copies aux autorités ou aux particuliers qui ont besoin de les connaître. Devant les tribunaux d'arrondissement et les cours d'appel, les plaideurs sont obligés de faire faire les actes de la procédure par des avoués, qui sont des officiers publics nommés par le gouvernement. Les huissiers sont aussi des officiers publics qui ont pour fonctions de signifier les actes judiciaires et ceux qui sont nécessaires à la conservation des droits des citoyens.

Les membres des cours et tribunaux ont sur leurs propres membres, et sur les officiers publics qui leurs sont attachés, un pouvoir de discipline qui leur permet d'appliquer des punitions quelquefois sévères. Les avocats exercent aussi entre eux le pouvoir disciplinaire.

Voilà l'organisation des tribunaux. Il reste à faire connaître la compétence, le pouvoir de chacun d'eux; il importe que l'on sache bien à quel juge il faut s'adresser, et que chaque tribunal se renferme dans les limites qui lui ont été tracées par la loi. Le juge de paix du canton prononce sur les affaires civiles urgentes et de peu d'importance; il juge avec très-peu de frais et avec des formes très-simples. Au delà d'une certaine somme, ou quand la valeur de la chose réclamée est indéterminée, il ne prononce qu'à la charge d'appel devant le tribunal d'arrondissement. Celui-ci juge les affaires au-dessus de la compétence des juges de paix : au delà de certaines limites fixées par les lois, il y a lieu à l'appel, qui est porté devant les cours.

C'est surtout quand il s'agit de l'application d'une peine que les citoyens ont besoin de trouver des garanties dans la procédure, dans la composition et les attributions des tribunaux.

Les actions punissables sont divisées, par la loi, en trois classes; les moins graves s'appellent contraventions : elles sont jugées, dans les chefs-lieux de canton, par le juge de paix, et dans les autres communes, par le maire; l'appel de leur jugement est porté au tribunal d'arrondissement. Viennent ensuite les délits correctionnels : ils sont jugés par les tribunaux d'arrondissement; l'appel (car la loi ne veut pas que des citoyens puissent être condamnés une première fois à l'emprisonnement et à l'amende d'une manière irrévocable) est déféré aux cours d'appel, quand il y en a une dans le chef-lieu du département; là où il n'en existe pas, c'est le tribunal d'arrondissement du chef-lieu du département qui est juge d'appel pour les jugements correctionnels : il ne faut pas, en effet, que les justiciables soient obligés de porter leur recours à une trop grande distance. Quand une personne est inculpée d'un délit, un des membres du tribunal, nommé juge d'instruction, examine l'affaire, et quand l'information est complète, il fait son rapport au tribunal, qui décide s'il y a lieu ou non de poursuivre, et qui détermine devant quel tribunal les poursuites auront lieu.

Lorsque l'instruction dont il vient d'être parlé se termine par une déclaration qui tend à inculper un citoyen d'un crime, l'affaire est renvoyée à une chambre de la cour d'appel du ressort, qui s'appelle chambre d'accusation. Là les magistrats examinent si l'inculpé doit être accusé ou renvoyé de la poursuite; s'il y a lieu à poursuivre, un acte d'accusation est dressé, et l'affaire est suivie devant la cour d'assises, qui siége au chef-lieu de chaque département. Ici la condamnation pouvant être plus sévère, le citoyen, menacé dans sa liberté, dans son honneur, quelquefois même dans sa vie, a besoin de plus de garanties : la loi les lui donne.

Les magistrats, au nombre de trois, qui composent les cours d'assises, ne prononcent que sur les difficultés qui peuvent s'élever durant le procès, et sur l'application de la peine quand l'accusé a été reconnu coupable. Mais cette question de savoir si l'accusé est coupable ou non est réservée au jugement de douze citoyens, qu'on appelle jurés.

Voici comment se forme le jury, d'après les lois actuelles, qui ont besoin d'être modifiées pour se trouver d'accord avec la large extension que le Gouvernement républicain donne à l'exercice des droits civiques. La liste des citoyens aptes à faire partie du jury est publiée chaque année ; ceux qui y sont indûment inscrits ou omis ont le droit de réclamer, et ce droit est même accordé aux autres citoyens, afin que les listes soient complètes et exactes. Quand la liste est définitivement arrêtée, le préfet du département y choisit un certain nombre de noms, parmi lesquels seront pris les jurés nécessaires au service des assises de l'année suivante. Ces noms sont envoyés à la cour d'appel, qui procède à un tirage au sort pour chaque session des assises, lesquelles siégent au moins une fois tous les trois mois. C'est sur cette liste que, pour chaque affaire, on tire au sort les noms des douze jurés : à mesure que le nom de l'un d'eux sort de l'urne, l'accusé et le ministère public ont le droit de le récuser, sans donner de motifs de leurs refus : les récusations peuvent se continuer jusqu'à ce qu'il ne reste plus que douze jurés, nombre nécessaire pour qu'on puisse procéder au jugement.

Les débats des assises ont lieu publiquement. Une instruction toute nouvelle s'y fait, quels qu'aient été les documents recueillis, et les témoins entendus dans la procédure faite avant l'acte d'accusation. L'accusé doit être librement défendu; ce droit est tellement sacré que, si l'accusé n'a pas de défenseur, le président lui en nomme un, même quand il n'y consentirait pas; et, dans les discussions qui ont lieu, c'est toujours l'accusé, ou son défenseur, qui a la parole le dernier.

La garantie du jury avait été donnée par la loi pour les délits politiques et pour les délits de la presse. En 1835, des lois, connues sous le nom de lois de septembre, ont enlevé au jury la connaissance de certains délits politiques, et rendu les condamnations plus faciles. Cette législation a rencontré une vive opposition, et a soulevé constamment des réclamations dans tous les partis. Le gouvernement provisoire a regardé comme urgent un prompt retour aux principes tutélaires du droit général. Dès le 6 mars, un décret a abrogé la loi du 9 septembre, sur les crimes, délits et contraventions de la presse et des autres moyens de publication; il remet en vigueur les lois antérieures; il porte que la condamnation aura lieu à la majorité de neuf voix, et qu'on aura toujours le droit, dans la délibération du jüry, de discuter avant de voter.

Le gouvernement provisoire, sur le rapport de M. Crémieux, ministre de la justice, a rendu aussi au jury des attributions qui lui avaient été abusivement enlevées par une fausse interprétation de la loi. Afin d'éluder la disposition qui soumettait aux jurés les poursuites en diffamation dirigées contre des citoyens par des fonctionnaires publics, on avait admis que les fonctionnaires pouvaient, au lieu de discuter la vérité des faits devant les jurés, demander une simple réparation pécuniaire devant les tribunaux d'arrondissement. Voici en quels termes le gouvernement provisoire a fait cesser cette irrégularité, par son décret du 22 mars :

« Considérant que les fonctions publiques sont exercées sous la surveillance et le contrôle des citoyens; que chaque citoyen a le droit et le devoir de faire connaître à tous, par la voie de la presse ou par tout autre moyen de publication, les actes blâmables des fonctionnaires ou des personnes revêtues d'un caractère public, sauf à répondre légalement de la vérité des faits publiés;

« Considérant que le débat entre le fonctionnaire et le citoyen touche nécessairement à des intérêts publics, et ne peut dès lors être jugé que par le jury; que si un préjudice, un dommage résulte d'une attaque déclarée injurieuse ou diffamatoire, c'est la cour d'assises seule qui doit prononcer;

« Considérant que la charte de 1830 avait exclusivement attribué au jury la connaissance de ces délits; que la jurisprudence qui s'était établie, autorisant l'action civile devant les tribunaux ordinaires indépendants de l'action devant le jury, n'était qu'une entrave nouvelle à la liberté de la presse et une cause de ruine pour les journaux et pour les citoyens courageux;

« Décrète

» Art. 1er. Les tribunaux civils sont incompétents pour connaître des diffamations, injures ou autres attaques dirigées par la voie de la presse ou par tout autre moyen de publication contre les fonctionnaires ou contre tout citoyen revêtu d'un caractère public, à raison de leurs fonctions ou de leur qualité. Ils renverront devant qui de droit toute action en dommages-intérêts fondée sur des faits de cette nature.

« Art. 2. L'action civile résultant des délits commis par la voie de la presse ou par toute autre voie de publication contre les fonctionnaires ou contre tout citoyen revêtu d'un caractère public, ne pourra, dans aucun cas, être poursuivie séparément de l'action publique. Elle s'éteindra de plein droit par le seul fait de l'extinction de l'action publique. »

Sous l'ancien gouvernement, la chambre des pairs et la

chambre des députés siégeaient, dans certains cas, comme tribunaux, et prononçaient, la chambre des pairs surtout, en matière politique, les peines les plus sévères, qui allaient jusqu'à la peine de mort : témoin le supplice du maréchal Ney; la République a donné une réparation solennelle à la mémoire de cet illustre guerrier, en ordonnant qu'un monument lui serait élevé au lieu même où la mort l'a frappé.

L'armée et la marine ont toujours eu et ont encore des tribunaux particuliers, pour juger seulement les crimes et délits militaires. C'est une exception, nécessaire pour le maintien de la discipline; mais elle doit être restreinte rigoureusement, et ne s'étendre, en aucun cas, à des citoyens étrangers à la marine ou à l'armée.

CHAPITRE XVIII.

JUGES ADMINISTRATIFS.

Pour que le gouvernement puisse être fort, il faut que les administrations qu'il dirige ne dépendent que de lui. Autrefois, de grands corps judiciaires nommés *Parlements* avaient usurpé une puissance qui s'étendait à tout, et qui exerçait un empire arbitraire sur les rois comme sur le peuple. La révolution de 1789 brisa ce pouvoir; elle en prévint les abus par une bonne organisation judiciaire, et par la défense imposée aux tribunaux de s'immiscer dans les actes de l'administration. Si ces actes donnent lieu à des contestations, ce n'est pas aux tribunaux ordinaires à les juger, et s'ils le font, la connaissance peut leur en être enlevée par une réclamation qu'on appelle conflit, formée par les agents du gouvernement, et déférée au conseil d'État.

Pour les actes administratifs contestés, il doit donc y avoir, il y a des juges administratifs; ce sont, dans les cas les plus nombreux, les conseils de préfecture qui, quoique étant de véritables tribunaux, jugent sans publicité : leurs décisions peuvent être attaquées devant le conseil d'État.

Ce conseil donne des avis et prononce des jugements. Il est partagé en plusieurs comités, dont un porte le nom de comité de justice administrative. Les réclamations qu'on lui adresse sont formées par une requête, examinée par un des membres du conseil, qui, à raison de cette fonction, portent le titre de maîtres des requêtes. Si la requête est admise, il en est fait un rapport dans une séance publique où les avocats plaident; les conseillers d'État délibèrent, et la décision, signée par le gouvernement, est lue en public comme un jugement.

La cour des comptes est aussi un tribunal administratif; elle est chargée de vérifier la comptabilité publique dans toute la France et aux colonies. Elle a des conseillers maîtres, qui jugent, et des conseillers référendaires, qui font des rapports. Elle prononce sur les comptes de tous les comptables et de tous les établissements publics. Ses arrêts peuvent être cassés par le conseil d'État, s'ils ont violé une loi ou les formes légales.

CHAPITRE XIX.

ADMINISTRATION PUBLIQUE ; MINISTÈRES.

Les différentes branches de l'administration sont dirigées par des ministres, dont le nombre et les attributions ont souvent varié.

En acceptant la mission difficile de présider aux destinées de la France, les membres du gouvernement provisoire n'ont pas hésité à joindre aux travaux de la politique générale les soins et les détails des différents ministères. Deux ministres seulement, ceux de l'instruction publique et du commerce ont été choisis en dehors du gouvernement provisoire.

Les ministères existants sont ceux : de l'intérieur, des affaires étrangères, de la justice, des finances, de l'instruction publique et des cultes, de la guerre, de la marine, de l'agriculture et du commerce, des travaux publics. Le gouvernement provisoire, dans l'intérêt de la prompte expédition des affaires a décrété que les ministres pourraient décider dans les cas où précédemment il fallait une ordonnance royale.

Sous la monarchie constitutionnelle, le roi est censé ne jamais se tromper, ni faire de mal ; ce sont les ministres qui répondent de tout, et qui peuvent être traduits devant des juges pour leurs fautes ou leurs crimes politiques. Cette fiction ne garantit pas ceux qu'elle a pour but de protéger ;

les révolutions de 1830 et de 1848 l'ont prouvé. Dans le gouvernement républicain, la responsabilité pèse sur tout le monde : aucune situation ne peut y soustraire personne. Des lois organiques devront régler cette grande et nécessaire responsabilité.

L'ensemble du gouvernement est centralisé à Paris : c'est de Paris aussi que les affaires publiques sont dirigées, dans tous les détails qui n'échappent pas à l'action centrale à raison de leur caractère de localité, par les différents ministères. Ils donnent le mouvement aux institutions destinées à protéger les intérêts des citoyens dans leurs rapports avec l'administration publique.

Nous allons exposer brièvement l'organisation des principales de ces institutions.

CHAPITRE XX.

ADMINISTRATION DES COMMUNES ET DES DÉPARTEMENTS.

L'uniformité dans les divisions du territoire, comme l'égalité parmi les citoyens, est une des grandes conquêtes de la Révolution de 1789. Jamais les anciens rois n'avaient pu parvenir à établir l'unité, à faire tomber les priviléges des provinces, à imposer les mêmes lois à toutes les parties du territoire. Ce que la monarchie n'avait pu faire après des siècles, la Révolution de 1789 l'a fait après quelques mois. Elle a partagé régulièrement la France en départements, dont le nom est emprunté à des circonstances géographiques, en arrondissements, cantons et communes. Tout le système administratif est basé sur ces divisions, qui sont tellement naturelles, tellement solides qu'elles ont résisté à tous les efforts que des partis rétrogrades ont tentés, à plusieurs reprises, pour ramener l'ancienne organisation provinciale.

Les citoyens de chaque commune ont le droit de diriger leurs affaires collectives, et ils connaissent mieux leurs intérêts qu'une administration supérieure placée loin d'eux. D'un autre côté, l'entière indépendance laissée aux communes briserait l'unité nationale, constituerait une foule de petits États dans l'État, rendrait le gouvernement impossible, entretiendrait des ferments continuels de guerre civile, et ruinerait cette grande force de centralisation qui a donné tant de puissance à la Convention pour préserver la France des déchirements du fédéralisme et des horreurs de l'invasion, à Napoléon pour résister à l'Europe coalisée.

De nombreuses tentatives ont été faites pour concilier les deux grands principes de la liberté communale et du pouvoir central ; tantôt l'un de ces éléments a dominé, tantôt l'autre. En livrant tous les choix municipaux à l'élection, en donnant aux communes et à leurs officiers une puissance extrême, notre première révolution avait laissé prise à l'anarchie locale, et affaibli le gouvernement. Napoléon tomba dans un excès contraire en supprimant presque entièrement l'élection et en centralisant, même à Paris, des détails administratifs qui ne pouvaient être soustraits à l'autorité locale sans beaucoup de frais, de lenteurs et d'inconvénients. Le gouvernement de la restauration laissa subsister les abus de ce régime. La révolution de 1830 améliora le système administratif, en combinant l'élection avec les droits du gouvernement central, et en établissant une nouvelle répartition entre les pouvoirs des municipalités et les attributions de l'administration centrale.

Cette organisation devra être élargie pour répondre à l'esprit du Gouvernement républicain et aux institutions nouvelles qu'il prépare. En attendant, les circonstances ont exigé, de la part du Gouvernement provisoire, des mesures d'urgence qui ont modifié, pour le moment, et seulement sous l'impression d'une impérieuse nécessité, les règles ordinaires de l'administration. Le droit et le devoir du Gouvernement, dans les premiers jours d'une grande Révolution, c'est d'assurer l'existence et l'action énergique du pouvoir : on régularisera plus tard, dès que la situation permettra de rentrer dans les voies ordinaires.

Les départements sont administrés habituellement par des

préfets, les arrondissements par des sous-préfets, les communes par des maires : ces magistrats, surtout les préfets, ont des attributions étendues qui leur donnent une grande influence sur les populations. Cette influence, il fallait l'assurer immédiatement au Gouvernement républicain ; c'est pourquoi le ministre de l'intérieur a, dès son entrée en fonctions, dû envoyer dans les départements des commissaires chargés de diriger ou de remplacer les préfets ou les sous-préfets, de changer les maires des communes, de réorganiser, ou modifier, ou maintenir les conseils des communes ou des départements, de faire reconnaître et proclamer dans toutes les localités la République. Une si importante mission demande des pouvoirs étendus : les commissaires résument momentanément toute l'action du Gouvernement, et sont exposés à prendre, dans des moments difficiles, la responsabilité des mesures urgentes de salut public. C'est en ce sens que, dans une circulaire du 11 mars, M. Ledru-Rollin, ministre de l'intérieur, a déclaré que les pouvoirs des commissaires du Gouvernement étaient illimités; qu'ils pouvaient requérir et mettre en mouvement la force armée, suspendre même un chef de corps, mais en en référant au Gouvernement, suspendre les magistrats inamovibles qui se montreraient ouvertement hostiles, organiser les gardes nationales, préparer les élections pour l'Assemblée nationale, en prenant tous les moyens pour éclairer les électeurs sur les meilleurs choix à faire dans l'intérêt de la République.

Ces instructions ayant reçu des interprétations contradictoires, le ministre en a lui-même donné l'explication ; il a déclaré que s'il y avait lieu de suspendre un magistrat, le commissaire qui serait d'avis de prendre cette mesure devrait en référer au ministre de l'intérieur qui prononcerait, d'accord avec le ministre de la justice. On avait prétendu que la circulaire allait jusqu'à conférer aux commissaires des pouvoirs législatifs; le ministre a répondu dans un rapport du 27 mars, au Gouvernement provisoire :

« Le chef d'un département ministériel ne peut déléguer que les pouvoirs dont il est lui-même investi.

« Aux termes de nos décrets, les ministres ont le pouvoir de décider toutes les questions qui étaient autrefois réglées par des ordonnances royales. Mais le pouvoir législatif est resté tout entier entre vos mains. Il suit de là que toutes les mesures prises par les commissaires du Gouvernement provisoire dans les départements ne peuvent avoir *force de loi* qu'après avoir reçu votre sanction. »

C'est dans le même sens que, le même jour, 27 mars, un décret, signé par tous les membres du Gouvernement provisoire, a sanctionné un rapport présenté en ces termes par M. Garnier-Pagès, ministre des finances :

« L'unité est à la fois le principe et le but du Gouvernement de la République. Ce qui distingue heureusement la France des autres pays de l'Europe, c'est que déjà l'unité a prévalu dans tous les éléments de son organisation sociale, politique, administrative. Il faut conserver cette précieuse conquête; le soin de notre grandeur le commande impérieusement, le salut même de la République l'exige.

« Quelques actes ont eu lieu cependant, qui tendraient à compromettre ce souverain principe. Environnés de difficultés considérables, quelques commissaires du Gouvernement provisoire se sont vus dans la pénible nécessité de prendre des mesures qui sont en contradiction formelle avec les décisions et les actes du Gouvernement central...

« Dans cette situation, il me semble indispensable, citoyens, de rectifier toutes les idées sur les vrais principes du Gouvernement, et d'y ramener toutes les conduites. Plus nous rendons hommage à l'ardeur, au zèle, au courage des hommes qui se dévouent, sur tous les points du territoire, au grand œuvre de l'établissement de la République, plus nous devons réprimer toutes les tendances fédéralistes, et apporter de vigilance à la consécration des idées qui constituent le gouvernement républicain.

« Je vous propose en conséquence, citoyens, de décider que toutes les mesures financières prises d'autorité par les commissaires du Gouvernement provisoire sont nulles et non avenues, jusqu'à ce qu'elles aient été ratifiées par le pouvoir central. »

Ces difficultés sur les pouvoirs des délégués du Gouvernement ne peuvent s'élever que dans les jours de transition, qui précèdent, après une grande révolution, l'établissement définitif d'une hiérarchie régulière. Sous la réserve de ces dérogations nécessaires et momentanées, l'administration locale régit, de la manière suivante, du moins quant à présent, les intérêts collectifs des citoyens.

Les départements, dont les limites territoriales sont fixées par la loi, ont des propriétés, font des recettes et des dépenses; ils sont propriétaires des bâtiments et terrains consacrés à leurs administrations, aux tribunaux, des routes départementales, des fonds qu'ils ont acquis ou qu'on leur a donnés; ils perçoivent certains droits, et peuvent s'imposer des contributions locales dans des limites qui empêchent cette faculté de devenir ruineuse; ils ont des dépenses fixes, et d'autres qui sont variables. Le préfet (aujourd'hui remplacé momentanément par un ou plusieurs commissaires du Gouvernement) est généralement chargé de toutes les parties de l'administration du département, sous l'autorité du Gouvernement et des ministres ; il agit seul : dans certains cas, il est obligé de consulter le conseil de préfecture, composé de plusieurs membres, par lesquels le préfet est remplacé, en cas d'absence ou d'empêchement. Les arrêtés des préfets ne peuvent être exécutés qu'après l'approbation du ministre ; c'est à ce ministre qu'il faut s'adresser pour réclamer contre un arrêté qu'il aurait approuvé, et l'on peut recourir, contre sa décision, au conseil d'État.

Dans chaque département, il y a un conseil général, composé d'autant de membres que le département a de cantons, et qui sont élus par les citoyens : les conditions pour élire et pour être élu tomberont devant le principe républicain qui a ouvert à tout le monde l'accès des élections politiques et de la garde nationale. Le conseil est nommé pour neuf ans, et renouvelé par tiers tous les trois ans. Le gouvernement peut le dissoudre, à charge d'en faire élire un autre dans un bref délai. Les assemblées électorales sont présidées par le maire du chef-lieu de canton, et par des adjoints, si elles sont divisées en plusieurs sections ; elles ne peuvent s'occuper que des élections. Si le pré fet pense que les formes légales n'ont pas été observées dans les élections, dont les procès-verbaux lui sont envoyés par le sous-préfet, il peut en demander la nullité au conseil de préfecture, droit qui appartient aussi à tout électeur ; les décisions du conseil de préfecture peuvent être attaquées devant le conseil d'État, sans frais. Le conseil général, une fois élu, est convoqué chaque année par le préfet, à l'époque fixée par un acte du gouvernement ; il choisit son président et son secrétaire : ses séances ne sont pas publiques. S'il sort de ses attributions, le gouvernement annule ses actes. Les conseils généraux n'administrent pas ; ils délibèrent pour l'exécution des lois ou mesures prises par le gouvernement. Ils répartissent entre les arrondissements les contributions que le budget de l'État assigne au département. Ils prononcent sur les demandes de réduction d'impôts, de la part des différentes localités : ils sollicitent, s'il y a lieu, une loi qui autorise le département à s'imposer extraordinairement; ils reçoivent, des préfets, le compte annuel des dépenses; ils émettent des vœux qui doivent être transmis au gouvernement, pour la répression des abus, pour les améliorations à introduire dans l'administration ou la législation. Ils donnent leur avis dans un grand nombre de circonstances où le gouvernement a besoin d'être éclairé sur les véritables intérêts du département par ses organes librement élus : par exemple, quand il s'agit de construire, réparer ou entretenir des routes départementales, de réunir des communes, etc.

Les arrondissements sont administrés par des sous-préfets (provisoirement remplacés la plupart par des commissaires du gouvernement) qui agissent presque toujours comme intermédiaires entre le préfet et les maires de l'arrondissement. Le conseil d'arrondissement se compose d'un nombre de membres égal à celui des cantons, sans qu'il puisse être au-dessous de neuf. Ils sont élus pour six ans, et renouvelés par moitié tous les trois ans. Il y a, pour être électeur, des conditions que la loi républicaine fera évidemment tomber. C'est le conseil d'arrondissement qui répartit les contributions directes entre les villes, bourgs et villages; il donne son avis sur leurs demandes de réduction ; il exprime son opinion sur l'état et les besoins de l'arrondissement. Il se réunit deux fois chaque année, avant et après le conseil général du département.

Pour former une commune, pour en réunir plusieurs,

ou les séparer, il faut une loi ou un acte du gouvernement, qui n'intervient qu'après l'avis des conseils du département, de l'arrondissement et des communes intéressées.

Dans chaque commune, le corps municipal se compose du maire, des adjoints et des conseils municipaux. A Paris, il y a un maire pour l'administration de toute la ville : il a plusieurs adjoints, et, sous ses ordres, chaque arrondissement a son maire et ses adjoints. La police de Paris est confiée au préfet de police, qui relève directement du ministre de l'intérieur. Cette organisation municipale de Paris a été décrétée depuis la révolution de février.

Le maire d'une commune est un agent du gouvernement, en ce sens qu'il est chargé de maintenir l'ordre dans la commune au nom de la loi et du pouvoir national; en même temps, il est administrateur des biens et des intérêts de la commune; à ce double titre, et comme revêtu d'un double caractère, il est choisi à la fois par ses concitoyens et par le gouvernement; le gouvernement le nomme, mais en le prenant parmi les conseillers municipaux qui ont été élus par les habitants de la commune; il en est de même des adjoints. Il y a des fonctions qui ne se concilient pas avec celles de maire; par exemple, celles des tribunaux, des militaires en activité de service, des instituteurs primaires, etc.

Le maire est chargé de la police; dans les villes, il y a un ou plusieurs commissaires de police.

Le maire conserve et administre les biens de la commune, gère les revenus, dresse les comptes, fait faire les dépenses, passe les marchés ou autres actes concernant les biens ou travaux communaux, représente la commune dans ses procès, suspend et révoque les employés et les agents. Comme chargé de la police municipale, il prend pour cet objet des arrêtés; mais, pour qu'il n'abuse pas de son pouvoir, les arrêtés sont transmis au préfet, qui peut les annuler ou en suspendre l'exécution. De plus, la loi a limité les objets confiés à la vigilance et à l'autorité du maire. Les arrêtés qui sortiraient de ce cercle seraient sans force légale; s'ils sont renfermés dans ses attributions, les citoyens qui y contreviennent peuvent être traduits devant les tribunaux de police.

Chaque commune a un conseil municipal composé d'un nombre de membres qui varie selon la population; le maire et les adjoints en font partie. Les conseillers municipaux sont élus pour six ans, et renouvelés par moitié tous les trois ans. Ils se réunissent quatre fois par an. Le gouvernement peut dissoudre un conseil municipal à charge d'en faire élire promptement un autre. Les séances ne sont pas publiques. Les conseils sont nommés par les électeurs de la commune, dont la liste est dressée, publiée et communiquée chaque année, de manière à ce que l'on puisse réclamer contre les omissions, ou contre les inscriptions ordonnées mal à propos. Les élections se font comme celles des conseils généraux du département, et peuvent de même être annulées.

Les conseils municipaux délibèrent, avec plus ou moins d'autorité, sur l'administration des biens communaux, et sur les actes, recettes, travaux des communes : leurs délibérations ont besoin, selon leur importance, de l'assentiment, ou de l'approbation expresse du préfet, du ministre ou du gouvernement : ces précautions ont pour but de prévenir les erreurs que les conseils municipaux pourraient commettre au préjudice des habitants. L'avis des conseils municipaux doit être demandé dans un grand nombre de cas, par exemple pour la distribution des secours publics, les projets d'alignement, les comptes et budgets des établissements de bienfaisance, etc. Ils expriment leur vœu sur tous les objets d'intérêt local. Ils n'ont pas à s'occuper de choses étrangères à la commune.

Les communes ont des biens; les uns servent à des usages publics, comme les rues, les places, les maisons communes, etc; d'autres sont exploités au profit de la communauté, tels que les bois, les moulins, les terres, etc; d'autres enfin ont des produits dont les habitants jouissent en nature, comme les paturages communs, les bois d'affouage, etc., les conseils communaux règlent le mode de jouissance de ces biens.

Il y a pour les communes des dépenses obligatoires; ce sont celles qui sont nécessaires à leur existence même ou qu'une loi met à leur charge; les autres dépenses sont facultatives, et les communes demeurent libres de les faire ou de ne pas les faire. Les dépenses obligatoires se payent avec les revenus; en cas d'insuffisance, il y est pourvu par le conseil municipal, à l'aide d'un emprunt, d'une vente de biens, ou d'une imposition extraordinaire; si on ne l'a pas fait, l'autorité peut y suppléer. Les communes ont des recettes ordinaires provenant de leurs biens et des droits qu'elles perçoivent, et des recettes extraordinaires, provenant de ventes de biens, de donations, d'emprunts, ou autres ressources accidentelles. Pour que les emprunts et les contributions extraordinaires ne ruinent pas les communes par un usage inconsidéré de cette faculté, la loi a exigé l'intervention de l'autorité, avec des précautions plus ou moins sévères selon l'élévation du revenu ordinaire de la commune.

Le budget des recettes et dépenses est voté par le conseil municipal; suivant l'importance des revenus de la commune, il est réglé par le préfet ou par le gouvernement, qui peuvent le réduire, mais non l'augmenter, si ce n'est pour pourvoir à des dépenses obligatoires. L'autorité intervient aussi pour empêcher que les communes ne prennent des engagements ou n'acceptent des dons qui seraient de nature à leur devenir onéreux. Il en est de même pour les procès que les communes voudraient intenter ou soutenir, et pour les transactions par lesquelles elles terminent une contestation.

En général, chaque personne répond de ses fautes ; il y a des cas cependant où la commune entière répond des excès commis par ses habitants; une loi républicaine, du 10 vendémiaire an IV, a établi ce principe pour mettre fin à de graves désordres. Il faut que les bons citoyens sachent bien que leur intérêt s'unit à leurs sentiments patriotiques pour leur faire repousser les troubles qui menaceraient d'éclater dans leur localité : la loi déclare la commune responsable lorsque des délits ont été commis sur son territoire contre les personnes ou les propriétés, à force ouverte ou par violence, par des attroupements ou rassemblements, lorsque des communications ont été interceptées, lorsque les cultivateurs n'exécutent pas les réquisitions qui leur sont faites pour des transports ordonnés dans l'intérêt public. La responsabilité de la commune cesse si elle prouve qu'elle avait pris des mesures pour prévenir les délits et en faire connaître les auteurs.

A l'administration départementale et communale se rattachent plusieurs établissements publics, notamment ceux de bienfaisance. De ce nombre sont les hospices, destinés à recevoir, nourrir, loger et traiter gratuitement les pauvres, les orphelins, les vieillards et les infirmes; ils sont administrés par des commissions gratuites de citoyens. Ce sont aussi des commissions gratuites qui forment les bureaux de bienfaisance, spécialement destinés à donner des secours aux indigents valides et aux familles pauvres. Les départements sont chargés des dépenses des maisons d'aliénés indigents, qui doivent être soignés gratuitement : une loi particulière a établi des précautions salutaires pour qu'on n'attente pas à la liberté des citoyens sous prétexte que leur état de folie exigerait qu'ils fussent enfermés. Il y a aussi des asiles ouverts aux enfants trouvés, abandonnés, ou orphelins pauvres; ces enfants sont sous la tutelle des commissions gratuites des hospices; ils sont mis d'abord en pension, puis en apprentissage, aux frais de l'État et des départements. Malheureusement la loi actuelle laisse subsister une grave lacune; lorsque les pauvres enfants ont atteint l'âge de douze ans, les secours publics cessent pour eux : si des institutions libres ne leur viennent en aide, si les citoyens chez lesquels ils se trouvaient ne les adoptent pas, ne leur tendent pas une main fraternelle, ils sont abandonnés à eux-mêmes dans l'âge où ils auraient le plus besoin, non-seulement de secours matériel, mais surtout d'une direction morale. Il y a urgence à ce que la nation s'occupe de leur sort, et qu'elle préserve des milliers d'enfants, délaissés chaque année, de la misère et de la corruption.

CHAPITRE XXI.

INSTRUCTION PUBLIQUE.

Le droit de cultiver son intelligence n'est pas moins sacré que celui d'assurer sa vie par le travail; l'homme a besoin d'idées comme de pain.

Garantir ce droit, satisfaire à ce besoin, c'est un des premiers devoirs de l'État. Il doit exister un tel ensemble d'institutions qu'il n'y ait pas un seul citoyen qui ne reçoive les éléments de l'instruction et de l'éducation ; c'est là surtout que le principe de l'égalité républicaine doit recevoir sa plus complète, sa plus bienfaisante application.

Un système général d'enseignement public devra remplacer les lois, les ordonnances, les règlements sans nombre qui se sont succédés, sous les influences les plus contradictoires, depuis un demi-siècle. Pour préparer cette œuvre immense, M. Carnot, ministre provisoire de l'instruction publique, s'est empressé de nommer une commission dont les travaux embrasseront toutes les branches de l'enseignement, et qui, on doit l'espérer des hommes éminents appelés à en faire partie, offriront de précieux éléments aux futures délibérations de l'Assemblée nationale.

Aujourd'hui l'enseignement général est confié presque en entier à un corps constitué par Napoléon sous le nom d'Université. Son organisation subsiste encore, malgré les atteintes partielles qui y ont été portées par les tendances rétrogrades de la restauration, malgré les changements incohérents qui y ont été introduits, et malgré des dispositions légales qui y ont fait pénétrer le principe de la liberté d'enseignement. Toute cette législation appelle l'unité, aujourd'hui brisée par les actes des gouvernements successifs. La révision en sera faite sous l'inspiration féconde des idées de liberté et d'égalité qui doivent régner partout. Attendons avec confiance la solution des graves questions qui se présentent ici, et d'où dépend l'avenir moral et intellectuel du peuple.

L'Université a pour chef le ministre de l'instruction publique : il y a près de lui un conseil nombreux, qui délibère sur les besoins de l'enseignement et sur toutes les parties de cette administration. Des inspecteurs généraux visitent les écoles et font des rapports sur ce qu'ils y ont vu. L'Université comprend vingt-six académies dirigées par un recteur, assisté d'un conseil académique ; deux inspecteurs visitent les écoles de chaque académie. L'Université exerce sur ses membres un pouvoir de discipline qui va jusqu'à l'application de peines assez sévères.

Les académies comprennent des écoles de tous les degrés, depuis celles où l'on enseigne les premiers éléments jusqu'à celles où l'on professe les parties les plus élevées de la science.

Pour être complète, l'instruction primaire doit prendre l'enfant pour ainsi dire au berceau, et elle doit être répartie avec une telle abondance qu'aucun citoyen n'en soit privé. Le bienfait en doit être offert gratuitement aux citoyens qui n'ont pas le moyen de le payer. Il y a des pays où l'on attache tant de prix à la culture de l'esprit, que c'est pour les parents une obligation rigoureuse d'envoyer leurs enfants à l'école, et qu'ils ne peuvent se soustraire à cette obligation sans encourir des peines.

Pour les petits enfants de deux à sept ans, il existe en France des *salles d'asile*, où ils sont recueillis pendant la journée, ce qui laisse aux parents la liberté de vaquer à leurs travaux, et où ils commencent les premières études. Quand ils sortent des salles d'asile, dont le nombre n'est pas, à beaucoup près, aussi considérable qu'on doit le désirer, les enfants entrent dans les écoles primaires. Le vœu de la loi est qu'il y en ait une au moins dans chaque commune. Mais il reste encore des localités où les préjugés et l'esprit de sordide avarice ont repoussé l'instruction et refusé les sacrifices peu considérables qu'exige l'établissement d'une école. S'il y a encore des traces de ces aveugles résistances, elles devront s'effacer sous la fermeté du gouvernement républicain.

Il y a deux sortes d'écoles primaires : d'abord celles qu'on nomme élémentaires, et qui comprennent ce qui est indispensable à tout le monde, l'instruction morale et religieuse, la lecture, l'écriture, la langue française et le calcul, le système légal des poids et mesures. Dans les écoles primaires supérieures, dont l'organisation manque de régularité et qui sont trop rares, on enseigne les éléments de la géométrie, le dessin linéaire et l'arpentage, des notions de physique et d'histoire naturelle, le chant, les éléments de l'histoire et de la géographie : on peut y ajouter encore d'autres objets d'enseignement, si l'Université le permet. Dans ce programme on ne trouve aucune place pour l'enseignement civique ; jamais on n'a voulu permettre qu'on dît aux enfants un mot des lois de leur pays, qu'on les préparât à la vie de citoyens. Quelques essais de cet enseignement ont été tentés dans les écoles mutuelles de Paris, malgré l'opposition et le mauvais vouloir de l'administration supérieure; ces essais, auxquels l'auteur de cet écrit a eu l'honneur de concourir, ont eu un succès satisfaisant; on peut compter que quand l'enseignement civique sera complet et dégagé d'entraves, il trouvera près des enfants une faveur toute particulière, et qu'il exercera une salutaire influence sur les mœurs publiques.

Des écoles primaires peuvent être ouvertes par des citoyens, pourvu qu'ils justifient de leur capacité et de leur moralité. Les mêmes conditions sont exigées des instituteurs primaires publics. Le sort de ces derniers, rétribués par les communes et par l'État, est loin de répondre à l'importance de leur mission : leurs faibles émoluments sont, en beaucoup d'endroits, insuffisants pour assurer leur existence. Les instituteurs du peuple ont droit à plus de générosité, à plus de justice de la part de la république.

Des écoles normales sont établies dans un assez grand nombre de départements pour former des instituteurs primaires. Des inspecteurs et des sous-inspecteurs sont chargés dans tous les départements de surveiller les établissements d'instruction primaire.

Dans les colléges et les lycées, on enseigne les langues grecque et latine, les lettres, l'histoire, la rhétorique, la philosophie, les mathématiques, la physique, la chimie, les langues étrangères. Ce système d'études, et la manière dont il est pratiqué, donnent lieu aux plus graves objections. Il sera révisé, et devra se combiner avec les nécessités d'un enseignement populaire mis à la portée des jeunes gens, de plus en plus nombreux, qui ont besoin de se livrer à des professions industrielles ou à des métiers, où ils devront arriver munis de connaissances spéciales que les établissements actuels d'instruction publique ne leur fournissent pas.

L'enseignement supérieur est donné dans des écoles ou

facultés, de droit, de médecine, de théologie, de sciences, et de littérature. Ces facultés confèrent des grades de bacheliers, de licenciés, de docteurs, qu'on exige pour diverses fonctions ou professions.

Enfin il existe à Paris une école normale supérieure où se forment des professeurs pour les écoles de tous les degrés.

L'Université n'a pas sous sa direction tous les établissements scientifiques, tels que l'Institut et les académies ou sociétés savantes. Un grand nombre d'écoles relèvent, avec plus ou moins de raison, de différents ministères, par exemple, l'école polytechnique, les écoles militaires, celles des mines, des ponts et chaussées, l'école forestière, l'école navale, les écoles vétérinaires, celles des arts et métiers, celle des beaux arts, le Conservatoire de musique et de déclamation, l'école de Rome.

De nombreuses sources d'instruction sont ouvertes aux citoyens; il faut qu'à l'aide de larges développements, elles coulent avec plus d'abondance et répandent partout leur influence fécondante.

CHAPITRE XXII.

ADMINISTRATIONS ET INSTITUTIONS FINANCIÈRES.

C'est en les considérant comme tenant au revenu public que des droits qui dérivent de la propriété ont été soumis à la direction ou à la surveillance d'administrations financières. Ainsi, la conservation et l'exploitation des forêts, qui importent à la salubrité et à la défense du pays, sont confiées, du moins quant aux bois de l'État, des communes et des établissements publics, à une administration spéciale, celle des eaux et forêts, et assujetties à des règles particulières qui constituent ce qu'on appelle le régime forestier. Les citoyens doivent respecter ces règles, et s'abstenir de toute dévastation dans les forêts, dont l'intérêt public exige la conservation et une exploitation régulière et bien ménagée. Les particuliers, sauf quelques précautions, peuvent exploiter leurs forêts comme il leur convient.

Le droit de chasse appartient, sur un terrain, au propriétaire ou à celui à qui il en a cédé la jouissance. Ce droit ne peut être exercé qu'au moyen d'un permis de port d'armes, qui prévient les dangers pour la sécurité publique, et en se conformant à la loi qui prescrit aux chasseurs des conditions qui ont pour objet la nécessité de ne pas nuire aux récoltes.

Le droit de pêche est exercé librement par chaque citoyen dans les eaux dormantes qui se trouvent dans sa propriété ; ce droit appartient à l'État dans les fleuves et les grands cours d'eau dont l'entretien est à sa charge ; dans les autres, les propriétaires riverains peuvent pêcher, chacun de son côté, jusqu'au milieu. L'État concède aux particuliers le droit de pêche moyennant un prix convenu. Le poisson étant un aliment sain et très-répandu, il importe d'en prévenir la trop grande destruction ; c'est pourquoi la loi et l'administration défendent la pêche dans des temps, avec des instruments ou des procédés qui nuisent sensiblement au repeuplement des cours d'eau. Des agents de l'administration ou des particuliers constatent les délits de chasse et de pêche : les tribunaux appliquent la peine, s'il y a lieu.

La fabrication des monnaies est un des objets les plus intéressants confiés à l'administration des finances ; elle se fait dans des établissements publics appelés Hôtels des monnaies. Elles sont toutes basées sur le système décimal. Les besoins du peuple exigent l'emploi journalier des centimes, qui manquent dans la circulation ; on en attend la prompte émission de la sollicitude du Gouvernement républicain.

Une des plus importantes institutions financières est la Banque de France, fondée avec des capitaux appartenant à des particuliers, et gouvernée sous des conditions réglées par des lois. Elle fait de nombreux et utiles emplois de ses fonds ; elle escompte les billets de commerce, c'est-à-dire qu'elle les paye avant leur échéance, afin de procurer plus tôt de l'argent à ceux qui en ont besoin ; elle fait des avances au Gouvernement, en échange de valeurs que celui-ci lui remet ; elle peut recevoir des dépôts d'or et d'argent, et faire des avances sur leur valeur ; elle ouvre des crédits aux commerçants de Paris : elle émet des billets de banque de 1 000, de 500, de 200 francs ; tout récemment elle a été autorisée à émettre des billets de 100 fr., destinés à suppléer à la rareté du numéraire. Ses comptes sont rendus publics. Elle peut ouvrir, avec l'autorisation du Gouvernement, des comptoirs d'escompte dans les départements.

Dans les temps ordinaires, et quand la circulation de l'argent est très-active, la Banque de France rembourse ses billets en espèces monnayées. Les demandes de remboursement étant devenues excessives, et menaçant d'enlever à la Banque une trop grande masse de numéraire, le Gouvernement provisoire a décidé, par décret du 15 mars, que jusqu'à nouvel ordre, elle cesserait ses payements en argent, et que ses billets auraient un cours forcé comme la monnaie. Cette disposition a été étendue aux banques de province par décret du 25 mars.

Les escomptes faits par la Banque de France étaient devenus insuffisants; le bienfait de ces opérations était un besoin urgent pour le crédit commercial de toutes les villes. Le Gouvernement provisoire s'est empressé de subvenir aux embarras momentanés de la situation : « attendu, porte son décret du 7 mars, que, par suite des événements, un trouble considérable existe aujourd'hui dans les moyens du crédit privé, et que ce trouble affecte particulièrement, soit la fabrique, soit le commerce de détail; que, dans de telles circonstances, il importe de donner l'exemple d'une de ces associations fécondes qui, en unissant les forces, assurent à tous le bienfait du crédit et la garantie du travail; qu'un des devoirs essentiels de l'État est d'intervenir dans une juste mesure, quand les citoyens sentent eux-mêmes le besoin de se réunir pour créer entre eux une sorte d'assurance mutuelle; qu'il importe de généraliser ce genre d'association et d'en presser l'application dans tous les centres de fabrication et de commerce; décrète :

« Art. 1er. Dans toutes les villes industrielles et commerciales, il sera créé un comptoir national d'escompte destiné à répandre le crédit et à l'étendre à toutes les branches de la production.

« Art. 2. Ces comptoirs auront un capital dont le chiffre variera suivant le besoin des localités.

« Art. 3. Ce capital sera formé dans les proportions suivantes : 1° un tiers en argent par les associés souscripteurs; 2° un tiers en obligations par les villes ; 3° un tiers en bons du trésor par l'État. »

En vertu du principe posé dans ce décret, un autre décret du même jour crée à Paris un comptoir national d'escompte au capital de vingt millions.

Les comptoirs d'escompte de Paris et des départements ont pour but de procurer aux négociants et aux industriels les capitaux dont ils ont besoin pour continuer leurs affaires, et que l'absence momentanée du crédit ne leur permettrait pas de trouver autrement. Dans des circonstances difficiles, tout le monde suspendant ses acquisitions, les fabricants et les chefs d'industrie se trouvent encombrés de marchandises dont ils ne peuvent réaliser le prix par la vente. Il importe de donner une valeur immédiate à ces marchandises pour que les fabricants aient des ressources et puissent faire travailler et vivre les ouvriers.

« En cet état de choses, dit un rapport de M. Garnier-Pagès, ministre des finances, dont le décret du 21 mars a consacré les propositions, j'ai pensé que le meilleur moyen de remédier au mal, c'était d'anticiper sur la consommation par la circulation. J'ai pensé qu'il fallait rendre la vie, pour le moment, à des valeurs aujourd'hui stagnantes. Dans le but de mettre les chefs d'industrie en mesure de disposer dès aujourd'hui du prix de leurs marchandises, il serait établi à Paris et dans les départements des magasins généraux où les négociants et les industriels viendraient déposer les matières premières, marchandises et objets fabriqués, dont ils seraient propriétaires. En échange de leurs dépôts, ils recevraient une reconnaissance extraite d'un registre à souche. Ce récépissé, indiquant la valeur vénale de la marchandise, estimée à dire d'experts, constaterait la propriété, qui serait transmissible par voie d'endossement. Les porteurs des récépissés du magasin central seraient admis à les déposer en garantie au comptoir d'escompte de leur circonscription. Revêtus du timbre de la République, et représentant une valeur matérielle, solide, tangible, prochainement réalisable, les récépissés seraient regardés comme équivalents à une seconde signature [1]. Je ne doute pas que cette seconde signature ne soit accueillie avec faveur par tous les grands établissements de crédit, et que les souscripteurs de billets si solidement garantis n'arrivent ainsi, par le seul intermédiaire des comptoirs d'escompte, aux grands réservoirs des capitaux. » La Banque de France, qui, en général, n'escompte que des effets garantis par trois signatures, a été autorisée, par un décret du 26 mars 1848, à admettre les récépissés de dépôt sur marchandises en remplacement de la troisième signature.

Le Gouvernement provisoire, après avoir pris ces mesures, ne crut pas avoir encore assez fait pour vivifier le crédit. Son secrétaire général, directeur du comptoir national d'escompte, M. Pagnerre, lui présenta un rapport où on lit : « Pour réparer les désastres du passé, pour assurer la prospérité de l'avenir, il faut rentrer dans les voies de

[1] Dans les comptoirs d'escompte on ne donne de l'argent que sur des effets qui portent deux signatures.

moralité, il faut modifier profondément les bases même du crédit. A des institutions fondées sur des intérêts égoïstes; au profit exclusif d'un petit nombre de privilégiés, il faut substituer des institutions fondées sur les intérêts de tous; au profit de tous, c'est-à-dire des institutions démocratiques qui généralisent, qui républicanisent le crédit. Ces institutions, le Gouvernement provisoire les a créées en grande partie; non pas seulement comme des expédients accidentels nés des nécessités du moment, mais encore comme se rattachant à un système normal destiné à répondre à tous les besoins de l'avenir. Les mesures relatives à la Banque de France et aux banques départementales; l'établissement d'un comptoir national d'escompte, à Paris, modèle d'établissements semblables dans les départements, et la création de magasins de dépôts tendent déjà à assurer à la haute industrie et au commerce intermédiaire tous les bienfaits du crédit. Le projet de décret que nous vous présentons entre naturellement dans l'ensemble du système républicain en matière de crédit industriel. Il crée sur tous les points du territoire des sous-comptoirs de garantie qui portent les facilités de l'escompte jusque dans les plus faibles régions de la vie industrielle, commerciale et agricole. Désormais tous les intérêts, toutes les positions, tous les commerçants, tous les industriels, tous les travailleurs, participeront également aux avantages sociaux; aucune espèce de valeur, quelque minime qu'elle soit, ne restera stagnante et improductive; elles entreront toutes sans exception, par des signes représentatifs, dans la circulation générale, qui, ravivée par tant de sources nouvelles, redonnera bientôt à toutes les transactions une immense et féconde activité. »

Sur ce rapport, le Gouvernement provisoire « considérant que le décret relatif aux comptoirs nationaux d'escompte ne permet à ces établissements de faire l'escompte que des valeurs revêtues de deux signatures au moins; que le plus grand nombre des petits commerçants, des industriels et des agriculteurs, ne peuvent avoir cette seconde signature; qu'ils se trouvent ainsi privés des ressources du comptoir, n'ayant d'autres moyens de crédit qu'un actif nécessairement immobilisé entre leurs mains; qu'il importe de faire participer aux bienfaits du crédit, par des institutions démocratiques, tous les membres de la société qui en avaient été déshérités jusqu'à présent; décrète : Article 1er. Dans les villes où un comptoir d'escompte existera, il pourra être établi, soit par localité, soit par agrégations d'industries, des sous-comptoirs de garantie destinés à servir d'intermédiaire entre l'industrie, le commerce et l'agriculture, d'une part, et les comptoirs nationaux d'escompte, de l'autre... Art. 4. Les opérations des sous-comptoirs consisteront à procurer aux commerçants, industriels et agriculteurs, l'escompte de leurs titres et effets de commerce auprès du comptoir principal, moyennant des sûretés données aux sous-comptoirs par voie de nantissement sur marchandises, récépissés des magasins de dépôt, titres et autres valeurs..... Art. 6. Les sous-comptoirs ne pourront se livrer à aucune opération, de quelque nature qu'elle soit, si ce n'est comme intermédiaires du comptoir principal, afin que l'actif des sous-comptoirs soit exclusivement affecté à la garantie des opérations admises par le comptoir principal. — L'art. 10, pour favoriser les opérations, porte que tous les actes qui auront pour objet de constituer les nantissements au profit des sous-comptoirs, par voie de transport ou autrement, seront enregistrés moyennant un simple droit fixe de 2 fr. 20 c.

Une des institutions financières qui ont le plus tôt et le plus justement fixé l'attention du Gouvernement républicain, ce sont les caisses d'épargne, ces bienfaisants dépôts des économies du pauvre. D'abord, l'intérêt des bons du trésor ayant été porté à 5 p. 0/0, le Gouvernement provisoire a rendu, le 7 mars, un décret par lequel, « considérant que la justice commande impérieusement de rétablir l'égalité entre le produit des capitaux du riche et celui des capitaux du pauvre; considérant que, sous un Gouvernement républicain, les fruits du travail doivent s'accroître de plus en plus », il arrête que l'intérêt de l'argent déposé par les citoyens dans les caisses d'épargne est fixé à 5 p. 0/0. Les remboursements des sommes versées depuis la révolution de février se font en espèces, à la différence des dépôts antérieurs, dont une partie seulement se rembourse en argent.

Dans leurs moments difficiles, les citoyens sans fortune trouvent des ressources auprès des établissements connus sous le nom de monts-de-piété; autorisés et organisés par le Gouvernement, ces établissements reçoivent des dépôts sur lesquels ils prêtent de l'argent, moyennant des intérêts souvent très-élevés, ce qui dénature le but de l'institution et aggrave la situation de ceux qu'elle devrait soulager.

CHAPITRE XXIII.

AGRICULTURE, INDUSTRIE, COMMERCE.

Pour éclairer le ministre de l'agriculture et du commerce, pour étudier les questions que peut présenter son administration, il y a près de lui un conseil supérieur et un conseil d'agriculture, dont les membres devront, à l'avenir, être élus, au lieu d'être choisis par l'autorité, comme ils le sont aujourd'hui.

Les biens et les travaux des habitants de la campagne sont protégés par un code rural, loi incomplète, mais inspirée par les sentiments philanthropiques de la révolution de 1789 à laquelle elle est due. Ce code réprime les délits commis sur les biens de la terre ou les instruments aratoires, permet à chacun le genre de culture qui lui convient, la clôture de ses propriétés, le pâturage de ses troupeaux sur ses fonds, sauf le droit de pâturage réciproque entre des communes. Une disposition toute fraternelle ordonne aux municipalités de faire serrer les récoltes d'un cultivateur absent, infirme ou hors d'état de le faire lui-même, et qui réclame ce secours. Les opérations de la semence ou de la récolte dans les campagnes ne peuvent être suspendues par aucune autorité. Des gardes champêtres, nommés par les communes ou par les particuliers, constatent les délits ruraux, sur lesquels les tribunaux prononcent.

Des comices agricoles, associations ou réunions de propriétaires, dont le nombre ne saurait jamais être trop grand, encouragent l'agriculture et travaillent à lui faire faire les progrès dont elle a, en France, un besoin urgent.

Pour l'amélioration et la reproduction des chevaux, l'État entretient des haras, qu'il administre et fait surveiller; il donne des récompenses aux éleveurs de chevaux; enfin des prix sont donnés dans des courses publiques. Il y a des fermes modèles et des écoles pour la propagation des bons procédés de culture.

L'industrie met en œuvre les produits de la terre et des animaux. Les citoyens sont libres dans leur industrie, c'est-à-dire qu'ils peuvent faire choix de celle qui leur convient, sans être astreints à des règlements exclusifs, comme il en existait avant la révolution de 1789. Il y a quelques exceptions pour des industries réservées à l'État, comme les télégraphes, le transport des lettres, la fabrication du tabac, et pour des professions qui ne peuvent être exercées que par un certain nombre de personnes, sous des conditions déterminées par la loi, comme celles de notaires, imprimeurs, pharmaciens, etc.

Il est juste que celui qui a fait une découverte industrielle en ait le profit, du moins pendant un certain temps, après lequel cette découverte appartient à tout le monde. Le bénéfice de l'inventeur lui est assuré par un brevet d'invention ou d'importation, qu'il prend pour cinq, dix ou quinze ans, et pour lequel il paye des droits qui sont versés dans les caisses publiques; le Gouvernement ne garantit pas, en délivrant les brevets, que le procédé est bon, ni que celui qui s'en est prétendu l'auteur le soit véritablement.

Les fabricants ont la propriété des dessins dont ils sont inventeurs, moyennant certains droits qu'ils ont à payer pour jouir de cet avantage, et certaines formalités qu'ils accomplissent au tribunal de commerce ou au conseil des prud'hommes. Il en est de même du droit des fabricants d'employer les marques qui font reconnaître leurs établissements.

L'industrie ne doit pas devenir un danger ni un inconvénient pour la sûreté ou la salubrité publique. Sous ce rapport la loi distingue trois classes d'établissements industriels, et confie au Gouvernement le soin de les ranger dans l'une ou l'autre classe. On distingue les manufactures ou ateliers qui doivent être éloignés des habitations particulières, ceux qui ne doivent être autorisés que s'il est prouvé qu'ils ne sont ni dangereux ni incommodes pour le voisinage, enfin ceux qui ont seulement besoin d'être surveillés par la police. Les autorisations demandées au Gouvernement ne sont accordées qu'après des avertissements donnés au public de manière à ce que les personnes intéressés puissent présenter leurs observations et réclamations. Les manufactures ou ateliers qui ne sont ni dangereux, ni insalubres, ni incommodes, s'exploitent librement sous la seule condition d'observer les lois et les règlements qui les concernent.

Il existe, près du ministre du commerce, un comité consultatif des arts et manufactures et un conseil des manufactures; de plus, dans les villes de fabriques il y a des chambres consultatives composées de manufacturiers, et chargées de donner leur avis sur les besoins et les moyens d'amélioration des fabriques, arts et métiers.

Pour étudier ou préparer les progrès industriels, pour fournir à la France ou à l'étranger des produits modèles, le Gouvernement entretient de grands établissements, la fabrique de porcelaines de Sèvres, celles des tapis des Gobelins et de Beauvais. Ces belles manufactures étaient des dépendances de la liste civile; la révolution de février les a fait rentrer dans les attributions du ministère de l'agriculture et du commerce : déjà le ministre de ce département, M. Bethmont, a pris des mesures propres à faire mieux marcher cet établissements vers leur véritable but; il a créé, près d'eux, un conseil supérieur de perfectionnement, composé d'artistes, de savants, d'administrateurs; l'arrêté du 30 mars, qui l'institue, est motivé en ces termes : « Considérant que les manufactures nationales des Gobelins, Beauvais et Sèvres, réclament d'importantes réformes sous le double rapport artistique et industriel; que sous le rapport artistique elles ne doivent produire que des œuvres qui conservent à la France la gloire d'une supériorité jusqu'ici incontestée dans les branches du travail dont ces trois manufactures sont l'expression la plus élevée; qu'au point de vue industriel, la production doit être activée, le travail mieux réglé, et les moyens d'exécution calculés de telle sorte que l'industrie et l'art, se prêtant un mutuel secours, et s'unissant dans une même pensée, se développent et se perfectionnent l'un par l'autre; considérant que, pour marcher d'un pas également vite et sûr dans la voie des améliorations nombreuses et très-diverses qui sont à réaliser, l'administration a besoin de s'éclairer des lumières de la discussion et de s'appuyer sur les conseils et sur les indications de l'expérience et du talent : arrête, etc. »

Le commerce consiste dans la vente ou l'échange des produits de l'industrie. Les intérêts commerciaux sont représentés, auprès du ministre du commerce, par le conseil général du commerce, le conseil général des manufactures, et le conseil supérieur du commerce, lesquels ne sont qu'en partie le résultat de l'élection, et donnent des avis ou émettent des vœux sur les questions industrielles ou sur les mesures projetées par le Gouvernement. Les villes commerçantes nomment des chambres de commerce, qui donnent au Gouvernement des avis et des renseignements sur tout ce qui concerne les intérêts du commerce et de l'agriculture.

Le Gouvernement provisoire a pris des mesures qui attestent toute sa sollicitude pour le commerce. Plusieurs décrets accordent des facilités aux commerçants pour payer leurs engagements, pour obtenir des sursis aux poursuites de leurs créanciers, pour diminuer les frais des effets de commerce et des protêts. C'est en vue de soulager les souffrances momentanées du commerce que le Gouvernement a créé les comptoirs d'escompte et les magasins de dépôts, dont il a été question au chapitre XXII.

CHAPITRE XXIV.

TRAVAUX PUBLICS.

Les travaux publics les plus importants, ceux des routes, des canaux, des ponts, sont confiés à l'administration des ponts et chaussées qui a de nombreux fonctionnaires répandus sur tout le territoire, ainsi que l'administration des mines. Ces deux services publics présentaient un luxe de personnel sur lequel des économies étaient nécessaires ; elles ont été faites, sans cause d'affaiblissement pour l'organisation générale, par un arrêté de M. Marie, ministre des travaux publics, du 26 mars.

Les travaux publics à la charge de l'État ne sont entrepris que quand les dépenses ont été assurées par la loi annuelle du budget. Il a été créé, sous le gouvernement déchu, un fond extraordinaire spécialement destiné à l'exécution des travaux publics, qui ont reçu une extension tellement exagérée qu'elle est devenue une des principales causes de la crise financière actuelle. Quand les départements et les communes participent à la dépense des travaux ou doivent en profiter, les sommes sont votées par les conseils généraux et municipaux. Au lieu d'exécuter lui-même, le Gouvernement peut aussi concéder l'exécution des travaux à des particuliers ou à des compagnies. Mais les traités qu'il passe, quand il s'agit d'entreprises considérables, comme les grandes lignes de chemins de fer, doivent être approuvés par une loi.

Les routes sont, ainsi que nous l'avons dit, parmi les travaux publics les plus importants. Il y a plusieurs espèces de routes : les routes nationales, entretenues par l'État ; les routes départementales, à la charge des départements dans lesquels ou entre lesquels elles établissent des communications ; les routes stratégiques ou militaires, dont les dépenses sont supportées par l'État, les départements et les communes ; les chemins de fer, nouvelles voies de communication, qui tendent à remplacer partout l'ancien système : ces chemins offrent d'immenses avantages au commerce, aux particuliers, aux relations entre les nations. Leur établissement, encore nouveau parmi nous, a déplacé des industries, froissé des intérêts ; aussi quelques populations se sont montrées hostiles aux chemins de fer, et se sont même livrées à des excès déplorables contre ces propriétés aussi respectables que toutes les autres. Les vrais républicains ont gémi de ces écarts, et ils doivent en témoigner la plus énergique réprobation. La plupart des chemins de fer appartiennent à des compagnies particulières, qui en perçoivent les produits, mais qui en payent les dépenses, et en supportent les chances ; quelques-uns sont dans les mains de l'État, et il ne manque pas de citoyens qui pensent qu'ils devraient y être tous, comme cela se voit dans plusieurs pays, notamment en Belgique.

Pour surveiller l'administration des chemins de fer, le gouvernement monarchique avait institué des commissaires ; mais ces nominations constituaient une organisation sans régularité et sans efficacité ; le nombre des commissaires excédait les besoins du service, et ils n'avaient que des attributions morcelées et sans ensemble ; il fallait porter un prompt changement à cet état de choses ; c'est ce qu'a fait M. Marie, ministre des travaux publics, qui, par un arrêté du 20 mars, a supprimé les anciens commissaires royaux près des chemins de fer, et a confié la surveillance de l'exploitation commerciale et des opérations financières des compagnies à des *inspecteurs principaux* et à des *inspecteurs particuliers de l'exploitation commerciale*, répartis en six arrondissements d'inspection. Le service de sûreté et le maintien du bon ordre sur les chemins de fer sont confiés à des commissaires de police spéciaux, nommés par le Gouvernement.

L'établissement et l'entretien des grandes routes sont des objets d'intérêt public qui exigent des sacrifices de la part des simples particuliers. Ainsi, les propriétaires des fonds contigus aux routes doivent souffrir l'extraction des matériaux nécessaires, le passage des ingénieurs, l'occupation momentanée des terrains, le tout, bien entendu, sauf indemnité. Comme il faut que les voyageurs trouvent de l'ombre et de la fraîcheur, les propriétaires riverains sont obligés de planter sur leur terrain, en dehors des fossés de la route, des arbres dont ils conservent la propriété, mais qu'ils ne peuvent abattre ni élaguer sans une permission. Afin qu'on n'empiète pas sur le sol nécessaire aux communications, personne ne peut construire au bord d'une grande route, sans se conformer au plan général d'alignement. Afin d'assurer la circulation, les préfets ou les maires, selon l'importance des routes, sont chargés de tout ce qui en concerne l'éclairage, le nettoyage, la sûreté, la salubrité. Les contraventions sont punies par les tribunaux.

On appelle chemins vicinaux ceux qui conduisent d'une commune à une autre ; il en est dressé un tableau, afin qu'ils ne soient pas confondus avec les chemins ou sentiers des particuliers. Ils sont à la charge des communes ; quand les ressources ordinaires ne suffisent pas, il y est pourvu au moyen de ce qu'on appelle prestations en nature, c'est-à-dire que chaque homme valide doit y travailler pour lui et en proportion du nombre des voitures, des bêtes qu'il emploie sur le chemin au service de sa famille ou de sa maison, à moins qu'il n'aime mieux payer ce service en argent. La largeur fixée pour les chemins vicinaux doit être respectée : elle ne peut être diminuée par aucune plantation d'arbres. La police y est faite par les maires. Dans les villes, bourgs et villages, on considère comme chemins vicinaux, les rues, places, quais, promenades qui ne sont pas la continuation des grandes routes : les constructions qu'on y élève sont soumises à l'alignement donné par le maire.

Les eaux sont employées comme moyens de communication; Pascal appelait les rivières des routes qui marchent. Les cours d'eau navigables ou flottables, c'est-à-dire propres à la navigation des bateaux ou au transport des bois, appartiennent à l'État. La loi défend tout ce qui pourrait diminuer la masse d'eau nécessaire à la navigation, ou gêner le libre passage des bateaux; c'est pourquoi il faut toujours une autorisation pour faire une construction quelconque, écluse, tranchée, etc., sur un cours d'eau; le passage doit toujours être livré aux bateaux et aux trains de bois. Sur chaque rive, il est laissé un chemin, appelé de halage, pour le passage des hommes et des animaux qui tirent les bateaux; le terrain de ce chemin continue d'appartenir aux propriétaires riverains. L'usage des eaux non navigables ni flottables est réglé par les particuliers entre eux, ou, en cas de difficultés, par les tribunaux. Pour empêcher l'appauvrissement excessif d'un cours d'eau quelconque, ce qui serait un danger pour l'agriculture autant que pour la navigation, aucune usine ne peut y être construite sans une autorisation du Gouvernement.

Les canaux destinés à la navigation sont assimilés aux grandes routes, établis en vertu d'une loi ou d'un acte du Gouvernement, entretenus au moyen d'un droit de péage. Une autorisation est nécessaire pour l'établissement des canaux d'arrosement, et pour les prises d'eau dans l'intérêt des usines.

Les travaux autres que ceux de construction, tels que fourniture ou confection d'effets pour un service public, de fourrages, bois de chauffage, etc., sont ordinairement attribués à celui qui offre de les faire au meilleur marché, après un concours ouvert publiquement.

CHAPITRE XXV.

COLONIES.

La France possède des colonies dans plusieurs parties du monde. Ces possessions lointaines sont soumises à un régime particulier qui se rapproche ou doit se rapprocher, les plus possible de celui de la métropole.

Une institution qui n'existe qu'aux colonies, c'est l'esclavage. Cet odieux abus est combattu depuis longtemps : condamné par la religion, par la philosophie, par la politique, adouci successivement par les lois, par les affranchissements partiels, par les traités qui défendent sévèrement la traite, c'est-à-dire l'achat et le transport de nouveaux esclaves, il ne pouvait plus vivre, et cependant l'ancien Gouvernement ne l'avait pas fait mourir. La République, à peine instituée, en a déclaré l'existence inconciliable avec ses principes de liberté et d'humanité ; un arrêté, pris le 4 mars par M. Arago, ministre de la marine, a nommé une commission pour préparer l'abolition immédiate de l'esclavage. Il n'y a plus à régler que les conditions de la transition prochaine du régime de l'esclavage à celui de la liberté, qui doit être et sera celui du monde entier.

Outre ses colonies, la France possède, depuis 1830, les anciens États du nord de l'Algérie, qui appartenaient au dey d'Alger. Cette terre est devenue française, non seulement par la conquête, mais par les sacrifices, par la gloire, par le travail. Jusqu'à présent l'Algérie a été gouvernée militairement; on peut espérer maintenant, et M. Crémieux, membre du Gouvernement provisoire, en a donné la promesse, que cette terre française ne tardera pas à jouir de toutes les institutions de la France.

CONCLUSION.

On vient de voir, rappelés en peu de mots, les droits et les devoirs essentiels des citoyens, les garanties que les institutions ont données à l'exercice de ces droits, à l'accomplissement de ces devoirs; j'ai montré aussi les grands principes posés, les réformes opérées, les progrès préparés en quelques jours par l'activité du Gouvernement provisoire.

J'aurai atteint mon but si, en parcourant ces pages, les citoyens comprennent bien le sens et apprécient la valeur de nos institutions, s'ils sentent la nécessité de maintenir les conquêtes de nos révolutions, de soutenir énergiquement la République qui ouvre une voie indéfinie aux progrès amenés par le temps, pour que tous jouissent enfin des bienfaits de l'ordre, de la paix, des fruits du travail, pour que tous exercent, dans l'intérêt général, la plénitude de leurs droits civiques.

S'ils sont pénétrés de ces idées, s'ils sont inspirés par le vrai sentiment républicain, ils travailleront de tous leurs efforts à la consolidation du pouvoir que la République va constituer. Sans pouvoir, point d'ordre, point de puissance nationale; sans unité, point de pouvoir; sans la centralisation, point d'unité. Qu'ils donnent la force de leur assentiment, de leur coopération dévouée au nouveau Gouvernement ; en le sauvant de tout déchirement ils sauvent la patrie.

Que la devise de la République soit une vérité ; que partout éclate, en réalité, le triomphe définitif de la liberté, de l'égalité, de la fraternité !

La liberté régnera quand tous, citoyens comme gouvernement, respecteront dans chacun les droits qu'ils réclament et exercent eux-mêmes, quand la sécurité sera complète par la conviction qu'aucun danger ne menace la sûreté des personnes, de la propriété, l'indépendance des actions ni celle des opinions.

L'égalité exige qu'aucune portion de la société n'opprime l'autre, qu'aucune partie du peuple ne se donne pour la nation, qui comprend toutes les situations. Dans une République, il n'y a point de privilége, point de classes, point de supériorité factice ; il y a des différences de fonctions, de travail, sous le niveau de l'égalité de la loi.

La garantie de l'égalité, c'est la fraternité ; elle forme un lien d'affection entre tous les citoyens ; elle voit dans tous des frères, elle établit sur tous une sorte de solidarité qui fait ressentir à tous les douleurs ou les peines de chacun, qui inspire à tous le désir de soulager les souffrances de chacun, et le besoin de dévouement pour la patrie commune.

Cet esprit, tout chrétien, de fraternité s'annonce comme un des plus beaux caractères de notre jeune république. Les ministres de la religion, autrefois isolés par la méfiance, fraternisent aujourd'hui avec le peuple, participent à ses fêtes, bénissent les symboles de la liberté.

Au nom et sous le souffle de la fraternité, on s'occupe, avec une sollicitude profondément sentie, d'améliorer enfin le sort des travailleurs. On a soulagé leurs peines physiques, et tenté de donner, par un peu de loisir, quelque satisfaction aux besoins de l'intelligence et aux douceurs de la vie de famille. C'est dans ce but qu'un décret du 2 mars a réduit la durée effective du travail des ouvriers.

Depuis des siècles on voyait de déplorables divisions se perpétuer, et même de sanglantes collisions éclater entre les sociétés de compagnonnage de différents corps d'état. Ces préjugés haineux, qui avaient résisté à toutes les exhortations, à tous les raisonnements, sont tombés tout à coup devant le sentiment de la fraternité républicaine; les délégués des diverses sociétés sont venus devant le Gouvernement provisoire abjurer leur vieilles dissidences, et se sont présentés comme ne formant plus qu'une grande famille unie par le cœur comme par les intérêts. Ce glorieux triomphe aurait dû ne pas être oublié par les ouvriers, en trop grand nombre, qui ont forcé violemment des camarades étrangers à quitter la France où ils trouvaient depuis longtemps l'hospitalité et le travail.

Après la Révolution de février, l'armée, compromise vis-à-vis le peuple par le Gouvernement précédent, dut être momentanément éloignée de Paris. Cette séparation, nécessitée par les circonstances politiques, fut interprétée comme un témoignage de méfiance; une telle pensée, si contraire à la fraternité entre tous les citoyens, a été repoussée par les membres du Gouvernement provisoire. « Quoique nous vous déclarions, a dit M. de Lamartine aux délégués de la grande députation du 17 mars, que nous ne voulons que le peuple armé pour protéger ses institutions, n'en concluez pas que nous consentions jamais à la déchéance des soldats français ! N'en concluez pas que nous mettions notre brave armée en suspicion, et que nous nous interdisions de l'appeler même dans l'intérieur, même à Paris, si des circonstances de guerre commandaient telle ou telle disposition de nos forces pour la sûreté extérieure de la patrie ! Le soldat, qui n'était hier que soldat, est citoyen aujourd'hui comme vous et nous. Nous lui avons donné le droit de concourir par son vote de citoyen à la représentation et à la liberté, qu'il saura défendre aussi complétement que toute autre fraction du peuple. »

Les mêmes pensées ont été exprimées le même jour avec une énergique et chaleureuse éloquence par M. Ledru-Rollin, ministre de l'intérieur, aux acclamations unanimes d'une foule innombrable de citoyens : « Sans doute, a dit le ministre, lorsque l'armée se fait l'instrument de la tyrannie, lorsqu'elle se constitue en garde prétorienne, elle mérite la haine des hommes de cœur, des amis de la liberté. Mais en est-il bien ainsi avec nos braves soldats ? se sont-ils montrés disposés à combattre pour les oppresseurs ? Assurément, citoyens, aucun de vous ne doutera de la bravoure de nos soldats, aucun ne doutera de leur force et de leur puissance Mais dans les journées de février, l'armée n'a pas voulu combattre; elle a fraternisé avec nous, et a regardé fuir sans escorte cet aveugle monarque qui voulait resserrer nos chaînes. C'est que l'armée, mes amis, c'est le peuple : les soldats, c'est nous, c'est vous, c'est tout le monde. Voudrez-vous repousser vos frères? Voudrez-vous proscrire, mettre au rang des parias des hommes qui sont votre sang, votre âme, une partie de vous-mêmes ? Non, citoyens, de pareils sentiments d'injustice, de méfiance, d'exclusion, ne sont pas en vous. Faire revivre des classifications, des catégories entre citoyens, serait une déplorable erreur... Élevons donc notre voix en faveur de cette armée; c'est elle qui, dans nos jours d'humiliation, a sauvegardé, en Algérie, l'honneur de la patrie. Pendant que la France, livrée à l'étranger par les gouvernants qui viennent d'être chassés, était exposée à des hontes continues, l'armée, missionnaire de la civilisation, portait haut le drapeau français, et faisait reconnaître à des peuples barbares les grandeurs de notre patrie. Oubliez donc, mes amis, de fâcheuses méfiances, et vous serez justes, vous serez bons citoyens, vous montrerez que vous êtes tous unis dans une même pensée en criant avec moi : Vive l'armée. »

Enfin, une dernière et touchante preuve de l'esprit de fraternité et de dévouement se trouve dans l'affluence des dons patriotiques apportés chaque jour à l'Hôtel-de-Ville, par des citoyens sans fortune, par des ouvriers sans travail. Frappé d'un si beau spectacle, le Gouvernement provisoire en a exprimé sa reconnaissance dans le préambule d'un décret du 30 mars, où il arrête qu'une commission est instituée pour recevoir et organiser les dons volontaires et patriotiques offerts à la patrie; que cette commission sera l'organe de la reconnaissance publique envers les citoyens qui ont déjà donné l'exemple des sacrifices; qu'elle prendra toutes les mesures nécessaires pour que ces sacrifices soient connus et honorés.

C'est en agissant avec ce désintéressement, avec cette générosité, que l'on tire la patrie de ses embarras momentanés; c'est en exerçant ses droits avec vigilance, en remplissant ses devoirs avec scrupule, en faisant porter les élections de la garde nationale et des députés sur de bons citoyens, sur des républicains sincères, honnêtes, éclairés, sur le bon sens et la vertu, que l'on assure l'avenir, et que l'on fonde sur des bases solides le gouvernement d'ordre et de progrès que la République doit réaliser.

APPENDICE.

Circulaire du ministre des affaires étrangères aux agents diplomatiques de la République française.

Monsieur, vous connaissez les événements de Paris, la victoire du peuple, son héroïsme, sa modération, son apaisement, l'ordre rétabli par le concours de tous les citoyens, comme si, dans cet interrègne des pouvoirs visibles, la raison générale était à elle seule le Gouvernement de la France.

La révolution française vient d'entrer ainsi dans sa période définitive. La France est République : la République française n'a pas besoin d'être reconnue pour exister. Elle est de droit naturel, elle est de droit national. Elle est la volonté d'un grand peuple qui ne demande son titre qu'à lui-même. Cependant, la République française désirant entrer dans la famille des gouvernements institués comme une puissance régulière, et non comme un phénomène perturbateur de l'ordre européen, il est convenable que vous fassiez promptement connaître au gouvernement près duquel vous êtes accrédité les principes et les tendances qui dirigeront désormais la politique extérieure du Gouvernement français.

La proclamation de la République française n'est un acte d'agression contre aucune forme de gouvernement dans le monde. Les formes de gouvernement ont des diversités aussi légitimes que les diversités de caractère, de situation, géographique et de développement intellectuel, moral et matériel chez les peuples. Les nations ont, comme les individus, des âges différents. Les principes qui les régissent ont des phases successives. Les gouvernements monarchiques, aristocratiques, constitutionnels, républicains, sont l'expression de ces différents degrés de maturité du génie des peuples. Ils demandent plus de liberté à mesure qu'ils se sentent capables d'en supporter davantage; ils demandent plus d'égalité et de démocratie à mesure qu'ils sont inspirés par plus de justice et d'amour pour le peuple. Question de temps. Un peuple se perd en devançant l'heure de cette maturité, comme il se déshonore en la laissant échapper sans la saisir. La monarchie et la république ne sont pas, aux yeux des véritables hommes d'État, des principes absolus qui se combattent à mort; ce sont des faits qui se contrastent et qui peuvent vivre face à face, en se comprenant et en se respectant.

La guerre n'est donc pas le principe de la République française, comme elle en devint la fatale et glorieuse nécessité en 1792. Entre 1792 et 1848, il y a un demi-siècle. Revenir, après un demi-siècle, au principe de 1792 ou au principe de conquête de l'empire, ce ne serait pas avancer, ce serait rétrograder dans le temps. La révolution d'hier est un pas en avant, non en arrière. Le monde et nous, nous voulons marcher à la fraternité et à la paix.

Si la situation de la République française, en 1792, expliquait la guerre, les différences qui existent entre cette époque de notre histoire à l'époque où nous sommes expliquent la paix. Ces différences, appliquez-vous à les comprendre et à les faire comprendre autour de vous.

En 1792, la nation n'était pas une. Deux peuples existaient sur un même sol. Une lutte terrible se prolongeait encore entre les classes dépossédées de leurs priviléges et les classes qui venaient de conquérir l'égalité et la liberté. Les classes dépossédées s'unissaient avec la royauté captive et avec l'étranger jaloux pour nier sa révolution à la France, et pour lui réimposer la monarchie, l'aristocratie et la théocratie par l'invasion. Il n'y a plus de classes distinctes et inégales aujourd'hui. La liberté a tout affranchi. L'égalité devant la loi a tout nivelé. La fraternité, dont nous proclamons l'application et dont l'assemblée nationale doit organiser les bienfaits, va tout unir. Il n'y a pas un seul citoyen en France, à quelque opinion qu'il appartienne, qui ne se rallie au principe de la patrie avant tout, et qui ne la rende, par cette union même, inexpugnable aux tentatives et aux inquiétudes d'invasion.

En 1792, ce n'était pas le peuple tout entier qui était entré en possession de son gouvernement : c'était la classe moyenne seulement qui voulait exercer la liberté et en jouir. Le triomphe de la classe moyenne alors était égoïste, comme le triomphe de toute oligarchie. Elle voulait retenir pour elle seule les droits conquis par tous. Il lui fallait pour cela opérer une diversion forte à l'avénement du peuple, en le précipitant sur les champs de bataille, pour l'empêcher d'entrer dans son propre gouvernement. Cette diversion, c'était la guerre. La guerre fut la pensée des *Monarchiens* et des *Girondins ;* ce ne fut pas la pensée des démocrates plus avancés, qui voulaient, comme nous, le règne sincère, complet et régulier du peuple lui-même, en comprenant dans ce nom toutes les classes, sans exclusion et sans préférence, dont se compose la nation.

En 1792, le peuple n'était que l'instrument de la révolution, il n'en était pas l'objet. Aujourd'hui la révolution s'est faite par lui et pour lui. Il est la révolution elle-même. En y entrant, il y apporte ses besoins nouveaux de travail, d'industrie, d'instruction, d'agriculture, de commerce, de moralité, de bien-être, de propriété, de vie à bon marché, de navigation, de civilisation enfin, qui sont tous des besoins de paix! Le peuple et la paix, c'est un même mot.

En 1792, les idées de la France et de l'Europe n'étaient pas préparées à comprendre et à accepter la grande harmonie des nations entre elles, au bénéfice du genre humain. La pensée du siècle qui finissait n'était que dans la tête de quelques philosophes. La philosophie est populaire aujourd'hui. Cinquante années de liberté de penser, de parler et d'écrire, ont produit leur résultat. Les livres, les journaux, les tribunes ont opéré l'apostolat de l'intelligence européenne. La raison rayonnant de partout, par-dessus les frontières des peuples, a créé entre les esprits cette grande nationalité intellectuelle qui sera l'achèvement de la révolution française et la constitution de la fraternité internationale sur le globe.

Enfin, en 1792, la liberté était une nouveauté, l'égalité était un scandale, la République était un problème. Le titre des peuples, à peine découvert par Fénelon, Montesquieu, Rousseau, était tellement oublié, enfoui, profané par les vieilles traditions féodales, dynastiques, sacerdotales, que l'intervention la plus légitime du peuple dans ses affaires paraissait une monstruosité aux hommes d'État de l'ancienne école. La démocratie faisait trembler à la fois les trônes et les fondements des sociétés. Aujourd'hui les trônes et les peuples se sont habitués au mot, aux formes, aux agitations régulières de la liberté exercée dans des proportions diverses presque dans tous les États, même monarchiques. Ils s'habitueront à la République, qui est sa forme complète chez les nations plus mûres. Ils reconnaîtront qu'il y a une liberté conservatrice; ils reconnaîtront qu'il peut y avoir dans la République, non-seulement un ordre meilleur, mais qu'il peut y avoir plus d'ordre véritable dans ce gouvernement de tous pour tous, que dans le gouvernement de quelques-uns pour quelques-uns.

Mais en dehors de ces considérations désintéressées, l'intérêt seul de la consolidation et de la durée de la République inspirerait aux hommes d'État de la France des pensées de paix. Ce n'est pas la patrie qui court les plus grands dangers dans la guerre, c'est la liberté. La guerre est presque toujours une dictature. Les soldats oublient les institutions pour les hommes. Les trônes tentent les ambitieux. La gloire éblouit le patriotisme. Le prestige d'un nom victorieux voile l'attentat contre la souveraineté nationale. La République veut de la gloire, sans doute, mais elle la veut pour elle-même, et non pour des César ou des Napoléon !

Ne vous y trompez pas, néanmoins; ces idées que le Gouvernement provisoire vous charge de présenter aux puissances comme gage de sécurité européenne, n'ont pas pour objet de faire pardonner à la République l'audace qu'elle a eue de naître; encore moins de demander humblement la place d'un grand droit et d'un grand peuple en Europe; elles ont un plus noble objet : faire réfléchir les souverains et les peuples, ne pas leur permettre de se tromper involontairement sur le caractère de notre révolution; donner son vrai jour et sa physionomie juste à l'événement, donner des gages à l'humanité enfin, avant d'en donner à nos droits et à notre honneur, s'ils étaient méconnus ou menacés.

La République française n'intentera donc la guerre à personne. Elle n'a pas besoin de dire qu'elle l'acceptera si on pose des conditions de guerre au peuple français. La pensée des hommes qui gouvernent en ce moment la France est celle-ci : Heureuse la France si on lui déclare la guerre, et si on la contraint ainsi à grandir en force et en gloire, malgré sa modération ! Responsabilité terrible à la France, si la République déclare elle-même la guerre sans y être provoquée ! Dans le premier cas, son génie martial, son impatience d'action, sa force accumulée pendant tant d'années de paix, la rendraient invincible chez elle, redoutable peut-être au delà de ses frontières. Dans le second cas, elle tournerait contre elle les souvenirs de ses conquêtes, qui désaffectionnent les nationalités, et elle compromettrait sa première et sa plus universelle alliance : l'esprit des peuples et le génie de la civilisation.

« D'après ces principes, monsieur, qui sont les principes de la France de sang froid, principes qu'elle peut présenter sans crainte comme sans défi à ses amis et à ses ennemis, vous voudrez bien vous pénétrer des déclarations suivantes :

« Les traités de 1815 n'existent plus en droit aux yeux de la République française ; toutefois, les circonscriptions territoriales de ces traités sont un fait qu'elle admet comme base et comme point de départ dans ses rapports avec les autres nations.

« Mais, si les traités de 1815 n'existent plus que comme faits à modifier d'un accord commun, et si la République déclare hautement qu'elle a pour droit et pour mission d'arriver régulièrement et pacifiquement à ces modifications, le bon sens, la modération, la conscience, la prudence de la République existent, et sont pour l'Europe une meilleure et plus honorable garantie que les lettres de ces traités si souvent violés ou modifiés par elle.

« Attachez-vous, monsieur, à faire comprendre et admettre de bonne foi cette émancipation de la République des traités de 1815, et à montrer que cette franchise n'a rien d'inconciliable avec le repos de l'Europe.

« Ainsi, nous le disons hautement : si l'heure de la reconstruction de quelques nationalités opprimées en Europe, ou ailleurs, nous paraissait avoir sonné dans les décrets de la Providence; si la Suisse, notre fidèle alliée depuis François Ier, était contrainte ou menacée dans le mouvement de croissance qu'elle opère chez elle pour prêter une force de plus au faisceau des gouvernements démocratiques; si les États indépendants de l'Italie étaient envahis; si l'on imposait des limites ou des obstacles à leurs transformations intérieures; si on leur contestait à main armée le droit de s'allier entre eux pour consolider une patrie italienne, la République française se croirait en droit d'armer elle-même pour protéger ces mouvements légitimes de croissance et de nationalité des peuples.

« La République, vous le voyez, a traversé du premier pas l'ère des proscriptions et des dictatures. Elle est décidée à ne jamais voiler la liberté au dedans. Elle est décidée également à ne jamais voiler son principe démocratique au dehors. Elle ne laissera mettre la main de personne entre le rayonnement pacifique de sa liberté et le regard des peuples. Elle se proclame l'alliée intellectuelle et cordiale de tous les droits, de tous les progrès, de tous les développements légitimes d'institutions des nations qui veulent vivre du même principe que le sien. Elle ne fera point de propagande sourde ou incendiaire chez ses voisins. Elle sait qu'il n'y a de libertés durables que celles qui naissent d'elles-mêmes sur leur propre sol. Mais elle exercera, par la lueur de ses idées, par le spectacle d'ordre et de paix qu'elle espère donner au monde, le seul et honnête prosélytisme, le prosélytisme de l'estime et de la sympathie. Ce n'est point là la guerre, c'est la nature. Ce n'est point là l'agitation de l'Europe, c'est la vie. Ce n'est point là incendier le monde, c'est briller de sa place sur l'horizon des peuples pour les devancer et les guider à la fois.

Nous désirons, pour l'humanité, que la paix soit conservée. Nous l'espérons même. Une seule question de guerre avait été posée, il y a un an, entre la France et l'Angleterre. Cette question de guerre, ce n'était pas la France républicaine qui l'avait posée, c'était la dynastie. La dynastie emporte avec elle ce danger de guerre qu'elle avait suscité pour l'Europe par l'ambition toute personnelle de ses alliances de famille en Espagne. Ainsi cette politique domestique de la dynastie déchue, qui pesait depuis dix-sept ans sur notre dignité nationale, pesait en même temps, par ses prétentions à une couronne de plus à Madrid, sur nos alliances libérales et sur la paix. La République n'a point d'ambition ; la République n'a point de népotisme. Elle n'hérite pas des prétentions d'une famille. Que l'Espagne se régisse elle-même ; que l'Espagne soit indépendante et libre. La France, pour la solidité de cette alliance naturelle, compte plus sur la conformité de principes que sur les successions de la maison de Bourbon !

Tel est, monsieur, l'esprit des conseils de la République ; tel sera invariablement le caractère de la politique franche, forte et modérée, que vous aurez à représenter.

La République a prononcé en naissant, et au milieu de la chaleur d'une lutte non provoquée par le peuple, trois mots qui ont révélé son âme et qui appelleront sur son berceau les bénédictions de Dieu et des hommes : *Liberté, égalité, fraternité.* Elle a donné le lendemain, par l'abolition de la peine de mort en matière politique, le véritable commentaire de ces trois mots au dedans; donnez-leur aussi leur véritable commentaire au dehors. Le sens de ces trois mots appliqués à nos relations extérieures est celui-ci : affranchissement de la France des chaînes qui pesaient sur son principe et sur sa dignité; récupération du rang qu'elle doit occuper au niveau des grandes puissances européennes; enfin, déclaration d'alliance et d'amitié à tous les peuples. Si la France a la conscience de sa part de mission libérale et civilisatrice dans le siècle, il n'y a pas un de ces mots qui signifie *guerre*. Si l'Europe est prudente et juste, il n'y a pas un de ces mots qui ne signifie *paix*.

Recevez, monsieur, l'assurance de ma considération très-distinguée.

LAMARTINE,
Membre du gouvernement provisoire de la République et ministre des affaires étrangères.

Rapport fait au Gouvernement de la République sur la suppression des exercices dans les débits de boissons, par le membre du Gouvernement provisoire, ministre des finances.

Citoyens,

Quelques-unes de nos institutions fiscales sont incompatibles avec le nouvel ordre politique et social. Vous l'avez compris, lorsque vous avez décrété le prochain établissement d'un impôt sur le revenu, la prochaine abolition de l'impôt du sel, la réduction et l'uniformité des taxes postales, lorsqu'enfin vous avez aboli le timbre sur les écrit périodiques.

Mais, de toutes les inventions du vieil esprit fiscal, cell qui blesse le plus profondément la justice et la dignité hu maine, celle qui fomente le plus d'irritations, qui charg de plus d'entraves le travail industriel, c'est sans contredi la perception des droits de circulation et de détail sur le boissons.

L'exercice est fils de la réaction impériale. Il date de cett époque brûlante et néfaste, où le génie, égaré par l'orgueil, perdait la Révolution en conquérant l'Europe.

Sur les débris de l'empire, la restauration s'établit au cris de : *Plus de droits réunis !* Promesse mensongère

Sous un nom nouveau, la vieille iniquité subsiste. L'exercice continue de sévir avec son cortége de haines, de surveillance vexatoire et d'humiliations.

En 1830, nouvelles espérances, nouvelles promesses, nouvelles déceptions. Après dix-huit années d'une administration qui pouvait être toute puissante pour le bien, nous retrouvons l'exercice debout, en butte à des haines ardentes, excessives peut-être, mais au fond légitimes.

J'estime, citoyens, qu'il n'est ni juste ni possible de maintenir plus longtemps cette forme de l'impôt. En conséquence, après avoir entendu les délégués du commerce des boissons, après une étude attentive des intérêts du public et de ceux du trésor, je vous propose de décréter dès à présent que l'exercice est aboli dans toute l'étendue de la République.

Voici, en peu de mots, l'économie du décret que j'ai l'honneur de vous soumettre à cet égard.

1° Dégagé de ses formes vexatoires et irritantes, l'ancien impôt sur les boissons sera remplacé par un droit général de consommation sur les vins, cidres, poirés et hydromels expédiés, soit aux débitants, soit aux consommateurs. Les uns et les autres acquitteront également le droit de consommation actuellement établi sur les alcools.

2° Le tarif de ce dernier droit et celui des vins, qui varie selon les circonscriptions territoriales, est accepté, tel que je l'ai établi, par les délégués du commerce des boissons.

3° Les liqueurs en cercles ou en bouteilles étaient imposées comme alcool pur; elles ne le seront plus qu'à raison de 35 pour 100 de leur volume.

4° Le payement du droit de consommation aura lieu indifféremment au départ ou à l'arrivée.

5° Des mesures efficaces, mais nullement blessantes, seront prescrites pour atteindre les boissons que les propriétaires récoltants voudront vendre en détail. Ces propriétaires faisaient concurrence aux débitants, il est juste qu'ils aient à supporter les mêmes charges qu'eux.

6° Lorsque les conseils municipaux le désireront, ils pourront obtenir la suppression des formalités de la circulation dans l'intérieur des communes ayant un octroi, et, dans ce cas, les débitants pourront être assimilés aux marchands en gros.

7° Pour faciliter aux débitants le payement des droits et leur réserver la faculté de vendre en gros, l'entrepôt leur est accordé sous certaines conditions.

Maintenant, citoyens, quels seront, sous le rapport financier, industriel, commercial et moral, les résultats de la mesure que je vous soumets?

Directement, il y a perte pour le trésor. Mais je pense que cette perte sera jusqu'à un certain point compensée par la diminution des frais de perception, par l'accroissement de la consommation, et surtout par la diminution forcée de la contrebande.

Je dis *forcée*, parce que désormais la fraude serait sans excuse. Lorsqu'un Gouvernement donne à une classe de citoyens une si haute preuve de confiance, il a le droit de compter sur un concours loyal et de l'exiger. Je vous propose, en conséquence, de décréter qu'à l'avenir la fraude, en ce qui concerne les boissons, sera assimilée au vol et punie des mêmes peines.

Au point de vue industriel et commercial, tout le monde sait que l'alcool sert de base à une grande variété de préparations chimiques. Sous l'empire des anciens droits, ces applications étaient environnées de difficultés presque insurmontables, de véritables impossibilités. Votre décret les fera disparaître et ouvrira un vaste champ aux combinaisons du génie industriel.

Enfin, au point de vue de l'humanité et de la morale, vous aurez fait une grande chose. Le vin que boivent aujourd'hui les classes pauvres est un poison. La source principale des maux qui les déciment, c'est l'alcool, à l'aide duquel les infortunés soldats de l'industrie s'efforcent de ranimer leurs forces affaiblies par la misère. De la misère sort la maladie, qui à son tour perpétue la misère; et de là, le découragement, l'abandon de soi-même, et quelquefois la démoralisation. Or, en supprimant l'exercice, vous aurez enlevé à la fraude tout prétexte, toute excuse. Le commerce des vins étant désormais libre de ses vieilles entraves, toute falsification constituerait un crime; ce serait la spéculation du meurtre! Décrétez donc l'abolition de ce déplorable impôt, citoyens, et l'industrie, le commerce honnête, l'humanité, la morale devront à votre active sollicitude cet immense bienfait qu'elles réclament en vain depuis quarante ans, que la République seule pouvait leur procurer.

Paris, 31 mars 1848.

Le membre du Gouvernement provisoire, ministre des finances,

GARNIER-PAGÈS.

Le sous-secrétaire d'État,
E. DUCLERC.

FIN DU CITOYEN FRANÇAIS.

TABLE DES CHAPITRES.

FIN DE LA TABLE DES CHAPITRES.

www.ingramcontent.com/pod-product-compliance
Ingram Content Group UK Ltd.
Pitfield, Milton Keynes, MK11 3LW, UK
UKHW012224240726
13966UKWH00003B/944